AF742971

“Tecnología que no se rinde
SMB1: Legado abierto”
C:\User\Guia>
Enable-WindowsOptionalFeature -Online
-FeatureName SMB1Protocol -All -NoRestart
Format-Table FeatureName, State -AutoSize
Write-Host "Presiona ENTER para cerrar...".
Read-Host
FloTe

Automatización en Windows

Título: Automatización en Windows

Subtítulo: Guía Práctica con CMD y PowerShell

Autor: José Flores González
Prologo: Yoni Quirós Villena
Editorial: FloTe
Primera Edición: Octubre 2025
Diseño y maquetación de la portada: José Flores González
Copyright © 2025 por José Flores González

José Flores González

Existe una edición en inglés de esta obra, traducida y adaptada a partir del original en español. Se han realizado ajustes lingüísticos y culturales menores para garantizar la claridad y accesibilidad para lectores de habla inglesa, preservando la integridad del contenido original.

Todos los derechos reservados.
Ninguna parte de esta publicación puede ser reproducida, almacenada o transmitida en ninguna forma sin el permiso previo y por escrito del autor.

Gracias por adquirir una edición autorizada de este libro y por respetar las leyes de propiedad intelectual al no escanear, reproducir ni distribuir ninguna parte de esta obra por ningún medio sin el consentimiento expreso del autor. Con ello, estás apoyando y permitiendo que el autor continúe publicando libros.

El texto y todas las imágenes contenidas en este libro están registradas en el **Registro de la Propiedad Intelectual de España**.

ISBN edición en español: 978-84-09-77-870-6
ISBN English edition: 978-84-09-78-142-3
Depósito legal: **M-22558-2025**

FloTe ®

José Flores Gonález

José nació en Hornachos, Badajoz, España, en 1954. Inició su andadura en el mundo del motor allá por 1970. En 1972 se unió al ejército, realizando el servicio militar en la Escuela de Automóviles de Getafe, donde continuó sus estudios durante los 22 meses de servicio. Una vez finalizado este periodo, y tras una breve "pausa" en la que desarrolló diversas actividades compaginadas con sus estudios, se incorporó en 1977 a la multinacional John Deere, en su factoría de Getafe, JD Ibérica.

Desarrolló su actividad en diversos departamentos: Tratamientos Térmicos, Prototipos, Ingeniería de Productos, y en la Escuela de Formación de John Deere de Getafe, como aprendiz de técnicas de marketing y relaciones técnico-comerciales con concesionarios, clientes y vendedores.

En 1981 asumió la responsabilidad de Jefe de Área Postventa, desde donde colaboró con otros centros de JD en Europa: Bruchsal, Saarbrücken, Zweibrücken y Mannheim en Alemania, y las factorías de Arc-lès-Gray y Saran en Francia. En esta área llevó la responsabilidad de la zona del Levante español, donde adquirió —para automatizar su trabajo— el primer PC que utilizó un empleado de JD Ibérica fuera de los departamentos de Ingeniería y Contabilidad (un Sinclair ZX Spectrum con CP/M como sistema operativo).

Se hizo responsable de las concesiones que ocupaban una buena parte de la península ibérica, desde Castellón de la Plana hasta Lorca, cerrando el "trapecio" al pasar por Hellín, Villarrobledo, Albacete, Utiel, entre otras localidades.

Pasados diez años, le requirieron para hacerse cargo como instructor de formación de concesionarios, vendedores, clientes y personal de la compañía. Impartió clases —junto a un excelente equipo humano— de técnica mecánica, marketing, finanzas, agronomía, etc., a agricultores especializados en labranza: siembra, cultivos, mínimo laboreo, manejo de aperos, cosechadoras…

Colaboró con la Escuela Técnica Superior de Ingeniería Agronómica de Madrid (UPM), junto a dos excelentes profesores, Doña Pilar Linares y Don Luis Márquez, de quienes guarda un grato recuerdo. De esa colaboración surgieron varias tesis doctorales.

¡Qué tiempos, qué grandes recuerdos!
Ahora, una vez jubilado, le ha dado por escribir.

Automatización en Windows

Guía práctica con CMD y PowerShell

Automatización en Windows con scripts.bat: privilegios elevados, activación de SMB1 y prácticas seguras con CMD y PowerShell

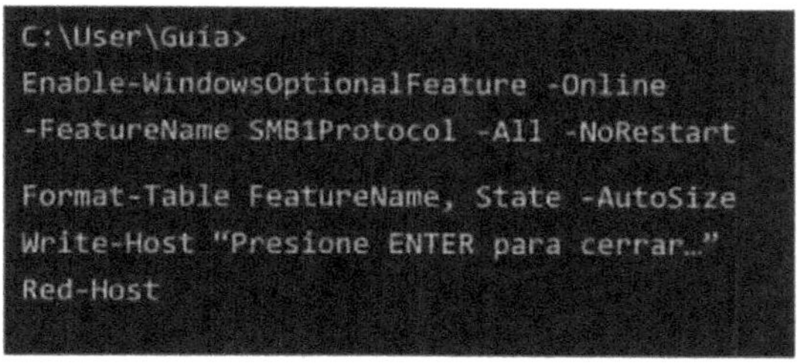

Ejemplo de activación de SMBv1 desde script.bat
con PowerShell embebido.

José Flores González

A mi esposa Juani Tena

A ti, que con tu paciencia me sostienes, con tu comprensión me alivias, y con tu amabilidad haces del mundo un lugar más amable.
Este libro es también tu reflejo: cada página lleva algo de tu aliento, cada logro algo de tu fe.
Gracias por ser faro, abrigo y alegría constante.

Este libro nació de muchas horas frente a la pantalla, pero también de tus palabras, tus silencios y tu paciencia. Gracias por estar.

Índice

Prólogo

"Cada línea de código es una semilla que puede transformar un sistema entero."

En el universo técnico de Windows, donde cada comando puede marcar la diferencia entre eficiencia y caos, el scripting se convierte en una herramienta de poder. Este libro, *Automatización en Windows: Guía práctica con CMD y PowerShell*, es mucho más que una recopilación de comandos: es una hoja de ruta para quienes desean dominar el sistema operativo desde su núcleo.

José, con precisión quirúrgica y lenguaje claro, nos guía por los fundamentos y aplicaciones reales del scripting en entornos Windows. Desde la elevación de privilegios hasta la gestión dinámica de características como SMBv1, cada capítulo está diseñado para que el lector no solo entienda, sino que implemente soluciones robustas, seguras y adaptables.

Lo que distingue esta obra no es solo su enfoque práctico, sino su compromiso con la responsabilidad técnica. Aquí no se trata de ejecutar comandos por ejecutar, sino de comprender su impacto, documentarlos correctamente y aplicarlos con criterio. El lector encontrará advertencias, buenas prácticas y ejemplos funcionales que reflejan experiencia real y profesionalismo.

Este libro es una invitación a explorar, experimentar y aprender. Porque automatizar no es solo ahorrar tiempo: es dominar el sistema.

— Yoni Quirós Villena

Técnico especialista en entornos corporativos y administrador de sistemas. Amplia experiencia en redes e implementación de soluciones tecnológicas de última generación. Apasionado de la automatización y del aprendizaje compartido. Convencido de que la tecnología cobra sentido cuando ayuda a las personas.

1. Elevación de privilegios en scripts.bat

En entornos Windows, muchos scripts.bat requieren permisos elevados para ejecutar tareas administrativas: modificar el registro, mapear unidades protegidas, instalar software o acceder a rutas restringidas. Sin estos privilegios, el script[1] puede fallar silenciosamente o arrojar errores que confunden al usuario.

Tradicionalmente, la solución era pedir al usuario que hiciera clic derecho y seleccionara "Ejecutar como administrador". Pero en escenarios automatizados, corporativos o desatendidos, esta dependencia manual es inviable.

Este capítulo presenta una técnica sencilla y eficaz para **elevar privilegios automáticamente** desde el propio script.bat, sin intervención del usuario. Se trata de una llamada interna a PowerShell que relanza el script con permisos de administrador, manteniendo su ruta y contexto.

Para ejecutar un script.bat como administrador automáticamente, se utiliza el siguiente comando:

```
powershell -Command "Start-Process -FilePath
'%~f0' -Verb RunAs"
```

---

[1] Script, archivo de texto que contiene un conjunto de instrucciones que se pueden ejecutar en una computadora.

Start-Process → `Inicia un nuevo proceso.`
-FilePath '%~f0' → Ejecuta el mismo script actual independientemente de la ruta en la que esté el archivo.

-Verb RunAs → Lo ejecuta con privilegios de administrador.

En CMD, esto evita que el usuario tenga que hacer clic derecho y seleccionar "Ejecutar como administrador".

Nota: El símbolo ~ se escribe:

En teclado español (Windows):

Presiona la tecla Alt Gr (a la derecha de la barra espaciadora)

Y sin soltarla, pulsa la tecla 4

En teclado inglés (US):

Pulsa Shift + la tecla que está a la izquierda del número 1 (encima de Tab).

En móviles:

Si no está incluido este símbolo, en las opciones de símbolos del teclado, mantén pulsado el guion o el símbolo de puntuación en el teclado, y aparecerá como opción ~.

Nota adicional: En algunos teclados, tras pulsar **Alt Gr + 4**, debes presionar **barra espaciadora** para que se imprima el símbolo solo.

Es posible que Microsoft con los años o las nuevas actualizaciones cambie esto por lo que tendremos que ir a:

Otra opción en Windows:

Mapa de caracteres

Escribe "**Mapa de caracteres**" en el buscador de Windows.

Ábrelo y busca el símbolo **~**.

Selecciónalo, cópialo y pégalo donde lo necesites.

Este símbolo se usa en programación, matemáticas, y también para indicar aproximación (por ejemplo: ~10 minutos).

Nota muy importante: En todos los ejemplos de este libro mantenemos el **UAC** (User Account Control, por sus siglas en inglés) activo en los comandos que lo requieren.

¿Por qué lo hacemos? Porque el UAC es una barrera de seguridad intencional. Si el lector necesita ejecutar scripts sin intervención, debe comprender los riesgos y considerar métodos como tareas programadas o ejecutables firmados, siempre en entornos controlados.

¿Hay formas de evitar el UAC? Sí, pero todas implican modificaciones del entorno o configuraciones avanzadas que pueden comprometer la seguridad.

Este libro no aborda técnicas como `schtasks /create /tn "MiScriptElevado"...` etc. ni `schtasks /run /tn "MiScriptElevado"`, que permitirían ejecutar una tarea programada como administrador sin mostrar el **UAC**.

Nuestro enfoque prioriza la claridad, la seguridad y el control consciente del entorno.

2. Uso de %~f0 para obtener la ruta del script

En scripting[2] con .bat o cmd, uno de los retos más frecuentes es localizar el propio archivo que se está ejecutando, especialmente cuando se necesita relanzarlo, copiarlo, o referenciarlo desde otro proceso. Hacerlo de forma manual implica conocer la ruta exacta, lo que limita la portabilidad del script.

Aquí entra en juego `%~f0`, una construcción sencilla pero poderosa que permite al script auto detectar su ubicación completa, sin importar desde qué carpeta se haya lanzado. Esta técnica es clave para scripts que se relanzan con privilegios elevados, que generan logs en su misma carpeta, o que necesitan acceder a recursos relativos a su ubicación.

Este capítulo explica qué significa **%~f0**, cómo se interpreta internamente, y por qué su uso es una práctica recomendada en scripts robustos y reutilizables.

¿Qué significa `%~f0`?

`%0` → Representa el nombre del script actual (el archivo .bat o cmd que se está ejecutando).

[2] Scripting, es una técnica de programación que permite automatizar tareas y crear aplicaciones dinámicas.

~f → Es una modificación que convierte ese nombre en su **ruta completa.**

Entonces, **%~f0** devuelve la **ruta completa del script actual.**

Por ejemplo, si estás ejecutando **miscript.bat** desde C:\Usuarios\User\Escritorio.

%~f0 se convierte en: C:\Usuarios\User\Escritorio\miscript.bat

Por lo tanto, si no se usa **%~f0** habría que escribir la ruta manualmente.

Ejemplo: si el script está en C:\Scripts\miscript.bat, **%~f0** lo convierte en esa ruta completa.

Si no se usa **%~f0**, habría que escribir en la consola CMD[3] la ruta manualmente:

Desventaja de no usar %~f0: Si mueves el archivo a otra carpeta, el comando ya no funcionará. Tendrías que editarlo cada vez.

Problema: %0 sin **~f** puede devolver solo el nombre del archivo (como miscript.bat) sin la ruta completa, lo que puede causar errores si el script no está en el directorio actual.

Por eso %~f0 es tan útil

Es dinámico, portátil y siempre apunta al script actual sin importar dónde esté. Es como decir: "ejecuta este mismo archivo, estés donde estés".

---

[3] CMD "Command Prompt" es una herramienta de línea de comandos.

3. Ejecutar PowerShell desde CMD

Aunque CMD sigue siendo una herramienta útil y vigente en muchos entornos, PowerShell ofrece una potencia mucho mayor en cuanto a automatización, manejo de objetos, seguridad y control del sistema. Por eso, en muchos scripts.bat es conveniente invocar comandos de PowerShell directamente, sin abandonar el entorno clásico.

Este capítulo muestra cómo hacerlo de forma limpia y controlada, utilizando parámetros que evitan conflictos de configuración (`-NoProfile`). Saltan restricciones de ejecución. (`-ExecutionPolicy Bypass`) y permiten lanzar cualquier instrucción (`-Command`). Esta técnica permite extender las capacidades de CMD sin reescribir todo el script en PowerShell, logrando una transición suave y funcional.

Desde un **script .bat**, puedes invocar comandos de PowerShell así:

```
powershell -NoProfile -ExecutionPolicy Bypass
-Command "..."
```

- **`-NoProfile`** → Evita cargar configuraciones del usuario.
- **`-ExecutionPolicy Bypass`** → Ignora restricciones de ejecución.
- **`-Command`** → Ejecuta el contenido entre comillas.

Veremos los detalles completos de todo lo aprendido hasta aquí y lo que se expone en el capítulo siguiente con un Script de ejemplo en el capítulo (8).

Los demás Script los encontrará el lector todos con su explicación detallada y mostrando las líneas de código numeradas, el lector tendrá que extraer los datos de ahí si desea practicar con los scripts propuestos.

Activación, Desactivación y Verificación de protocolos Windows, con CMD (script.bat) así como con PowerShell (.\script.ps1), y el resto de ejemplos propuestos.

Todos los ejemplos de este libro están basados para el aprendizaje, con el protocolo SMB1, el lector entenderá fácilmente que los ejemplos dados, son válidos para cualquier protocolo de Windows, no sólo SMB1.

4. Activación de características opcionales de Windows (ej. SMB1)

Imaginemos que tenemos una unidad de red local personal que funcionaba perfectamente con nuestro wifi y se entendía maravillosamente bien con nuestro equipo, PC o portátil, esa unidad usa el protocolo SMB1.

Ese comando de PowerShell que vamos a analizar está diseñado para **habilitar el protocolo SMBv1** en Windows, una característica opcional que suele estar desactivada por defecto en versiones modernas del sistema operativo y por razones de seguridad, pero nosotros conocemos que nuestra red local personal es segura y necesitamos activarlo.

Analicemos el siguiente comando PowerShell:

```
PowerShell -NoProfile -ExecutionPolicy Bypass
-Command "Enable-WindowsOptionalFeature -Online
-FeatureName SMB1Protocol -All -NoRestart;
Format-Table FeatureName, State -AutoSize"
```

Este comando, ejecutado desde un archivo.bat **con privilegios de administrador**, habilitaría el protocolo SMB1

Vamos a analizarlo parte por partes:

Parte 1: `powershell -NoProfile -ExecutionPolicy Bypass -Command "..."`

- **`powershell`** → Llama al intérprete de PowerShell desde el símbolo del sistema (CMD o script .bat).
- **`-NoProfile`** → Evita cargar el perfil del usuario (como scripts de inicio), lo que acelera la ejecución y evita interferencias.
- **`-ExecutionPolicy Bypass`** → Ignora las restricciones de ejecución de scripts (útil si el sistema tiene políticas restrictivas).
- **`-Command "..."`** → Indica que lo que sigue entre comillas es el comando que se va a ejecutar.

Parte 2: **`"Enable-WindowsOptionalFeature -Online -FeatureName SMB1Protocol -All -NoRestart"`**
Este es el comando principal que habilita la característica **SMBv1**:

- **`Enable-WindowsOptionalFeature`** → Activa una característica opcional de Windows. (la que sea, en nuestro caso SMB1)
- **`-Online`** → Aplica el cambio al sistema operativo actual (no a una imagen offline).
- **`-FeatureName SMB1Protocol`** → Especifica la característica que se quiere habilitar: el protocolo **SMBv1** (en este ejemplo).
- **`-All`** → Habilita también las dependencias relacionadas.

- **`-NoRestart`** → No reinicia el sistema automáticamente después de aplicar el cambio.

Nota: Algunos Sistemas operativos de Windows necesitan que se reinicie el sistema para implementar este u otros protocolos, por lo que en ese caso es necesario eliminar del comando **`-NoRestart`**.

Nota adicional: Probado este comando en W11 Pro, se implementa sin necesidad de reiniciar el sistema, lo cual, como veremos más adelante es muy útil, pues nos va a permitir lanzar alguna aplicación desde el mismo Scrpit .bat que requiera de este comando.

Advertencia: SMBv1[4] es un protocolo antiguo y vulnerable. Solo se recomienda activarlo si necesitas compatibilidad con dispositivos antiguos (como NAS o impresoras viejas, plotters, etc.) y en entornos controlados.

[4] SMBv1, v=versión. SMB (Server Message Block) es un protocolo de red que permite el acceso a archivos, directorios y otros recursos de la red como impresoras.

Parte 3: **`Format-Table FeatureName, State -AutoSize`**

Este fragmento sirve para mostrar el resultado de forma ordenada:

- **`Format-Table`** → Presenta los datos en forma de tabla.
- **`FeatureName, State`** → Muestra el nombre de la característica y su estado (habilitada o no).
- **`-AutoSize`** → Ajusta automáticamente el ancho de las columnas para que se vea bien.

Resultado esperado

Una vez ejecutado, el sistema habilita **SMBv1** (sin reiniciar) y muestra en la ventana CMD algo como:

```
FeatureName   State
-----------   -----
SMB1Protocol  Enabled
```

Este comando también se podría haber realizado del siguiente modo:

PowerShell[5]:

```
Enable-WindowsOptionalFeature -Online -FeatureName
SMB1Protocol -All -NoRestart; Format-Table
FeatureName, State -AutoSize; Write-Host ''; Write-
Host 'Presiona ENTER para cerrar...'; Read-Host
```

[5] PowerShell es una interfaz de línea de comandos que permite ejecutar scripts y automatizar tareas multiplataforma.

Comparación detallada

Comando	¿Qué hace?	Diferencia clave
`Enable-WindowsOptionalFeature -Online -FeatureName SMB1Protocol -All -NoRestart; Format-Table FeatureName, State -AutoSize`	Habilita SMBv1 y muestra el estado en tabla	Ejecuta y termina inmediatamente
`Enable-WindowsOptionalFeature -Online -FeatureName SMB1Protocol -All -NoRestart; Format-Table FeatureName, State -AutoSize; Write-Host ''; Write-Host 'Presiona ENTER para cerrar...'; Read-Host`	Hace lo mismo que el anterior, **pero además** muestra un mensaje y espera que el usuario presione ENTER	Mantiene la ventana abierta hasta que el usuario interactúe, informa al usuario de lo que se ha hecho.

¿Por qué usar el segundo?

Si estás ejecutando el script desde un acceso directo o desde el explorador de archivos, la ventana de PowerShell podría cerrarse **antes de que puedas leer el resultado**. El segundo comando evita eso.

Esto es como decir: "Ya terminé, pero no cierro la ventana hasta que tú lo decidas".

Por lo tanto, si estás seguro de que el Script .bat funciona bien y hace, previa verificación lo que deseamos, podemos utilizar el primero, es más rápido y no requiere que interactuemos en nada.

En resumen

- **Mismo efecto técnico** sobre SMB1.
- **Segundo comando** es más amigable para el usuario final. Ideal si estás creando un script .ps1 o .bat que quieres que sea interactivo.

5. Formato de salida en PowerShell

La presentación de resultados en PowerShell no es solo cuestión estética: una salida clara y bien estructurada facilita la lectura, la depuración y la documentación de scripts. Especialmente cuando se trabaja con objetos, listas o configuraciones del sistema, mostrar los datos en forma de tabla permite identificar rápidamente estados, valores y relaciones.

Este capítulo introduce el uso de **`Format-Table`**, una herramienta esencial para dar forma a la salida de comandos en PowerShell. Con el modificador **`-AutoSize`**, se optimiza el ancho de las columnas para que el contenido se ajuste de manera proporcional, evitando cortes innecesarios o espacios vacíos.

Una técnica sencilla, pero que marca la diferencia entre un script funcional y uno profesional.

Para mostrar el estado de la característica activada:

```
Format-Table FeatureName, State -AutoSize
```

- Presenta los datos en forma de tabla.
- Ajusta el ancho de columnas automáticamente.

6. Mantener la ventana abierta tras la ejecución

Uno de los detalles más frustrantes al ejecutar scripts en PowerShell es que la ventana se cierre inmediatamente después de completar la tarea, especialmente si el script se lanza desde un acceso directo o desde CMD. Esto impide al usuario ver el resultado, los mensajes o posibles errores.

Este capítulo presenta una solución sencilla y eficaz para **mantener la ventana abierta tras la ejecución**, permitiendo al usuario revisar la salida antes de cerrar. Con una combinación de **`Write-Host`** y **`Read-Host`**, se introduce una pausa interactiva que mejora la usabilidad del script sin afectar a su funcionalidad.

Una técnica mínima, pero esencial para scripts que buscan ser claros, amigables y profesionales.

Para evitar que la ventana de PowerShell se cierre al terminar:

```
Write-Host '' Write-Host 'Presiona ENTER para
cerrar...' Read-Host
```

Esto permite al usuario ver el resultado antes de cerrar la ventana.

7. Buenas prácticas y advertencias de seguridad

Todo script técnico, por sencillo que parezca, puede convertirse en una herramienta poderosa..., o en una fuente de problemas si no se escribe con cuidado. En entornos Windows, donde los scripts pueden modificar configuraciones del sistema, activar protocolos o ejecutar procesos con privilegios elevados, seguir buenas prácticas no es opcional, es esencial.

Este capítulo recoge recomendaciones clave para escribir scripts .bat y PowerShell de forma segura, clara y portable. Desde el uso de **`%~f0`** para evitar rutas rígidas, hasta la necesidad de comentar cada línea para facilitar el mantenimiento, cada punto aquí busca reforzar la calidad y la responsabilidad en la automatización.

Además, se incluye una advertencia específica sobre el protocolo **SMBv1**, cuya activación puede exponer el sistema a vulnerabilidades graves. Solo debe utilizarse en casos muy concretos y bajo condiciones controladas.

- Usa **`%~f0`** para portabilidad.
- Siempre documenta cada línea con comentarios.
- Evita activar características obsoletas sin necesidad.
- Usa **`-ExecutionPolicy Bypass`** solo si es imprescindible.

Advertencia: SMBv1 (SMB1) es un protocolo antiguo y vulnerable. Solo se recomienda activarlo si necesitas compatibilidad con dispositivos antiguos (como NAS, plotters, impresoras viejas, etc.) y en entornos controlados, normalmente una red local suele ser segura pero no está demás observar siempre todas las medidas de seguridad.

8. Ejemplo completo de scripts de activación de SMB1

Después de revisar técnicas clave como la elevación de privilegios, el uso de **`%~f0`** para rutas dinámicas, la invocación de PowerShell desde CMD y el formato de salida, este capítulo presenta un **ejemplo completo y funcional** que integra todos esos elementos en un solo script.bat.

El objetivo es activar la característica **SMBv1**, un protocolo antiguo que aún puede ser necesario en entornos con dispositivos heredados como NAS, impresoras o sistemas embebidos, etc. El script incluye elevación automática, ejecución controlada de PowerShell, presentación clara del estado de la característica y una pausa final para revisión visual.

Este ejemplo no solo demuestra cómo aplicar lo aprendido, sino que también recuerda la importancia de hacerlo con responsabilidad.

Como he comentado en las observaciones previas, aquí verás cada línea completa marcada con L.1, L.2, L.3…, etc. para una mejor comprensión de los conceptos y un mejor aprendizaje.

Ejemplo completo de script.bat con elevación de privilegios y activación de SMB1

MyScriptActivaSMB1.bat

```
@echo off
:: Eleva privilegios si no está como administrador
powershell -Command "Start-Process -FilePath '%~f0' -Verb RunAs"
exit /b
:: Ejecuta el comando PowerShell
powershell -NoProfile -ExecutionPolicy Bypass -Command "Enable-WindowsOptionalFeature -Online -FeatureName SMB1Protocol -All -NoRestart; Format-Table FeatureName, State -AutoSize; Write-Host ''; Write-Host 'Presiona ENTER para cerrar...'; Read-Host"
```

O bien:

MyScriptActivaSMB1_1.bat

```
@echo off
:: Eleva privilegios si no está como administrador
powershell -Command "Start-Process -FilePath '%~f0' -Verb RunAs"
exit /b
:: Ejecuta el comando PowerShell
powershell -command “Enable-WindowsOptionalFeature -Online -FeatureName SMB1Protocol -All -NoRestart; Format-Table FeatureName, State -AutoSize”
```

9. Resumen

Hasta aquí, has aprendido o has ampliado tus conocimientos con respecto a lo siguiente:

1. Crear un script .bat y abrirlo con privilegios de administrador.
2. El uso del parámetro **%~f0** para obtener la ruta del Script y que sucedería si se omite **~f**.
3. Como se ejecuta PowerShell desde CMD o desde un archivo.bat.
4. Como se activan las características opcionales de Windows, en este caso la activación de SMBv1.
5. Hemos creado un formato de salida en PowerShell en forma de tabla.
6. Hemos visto dos opciones de ventana abierta o cerrada para mostrar o no el formato de salida.
7. Hemos comentado y conoces las buenas prácticas en el uso de este comando que habilita SMB1 y conoces las advertencias de seguridad, y.
8. Tienes a tu disposición un Script .bat que realiza todo esto, activa el protocolo SMB1 con privilegios de administrador, y sólo con un clic.

Vamos a analizar a continuación en el capítulo siguiente y siguiendo con el método que venimos usando en este libro, como desactivar el protocolo SMBv1 si hemos terminado y ya no lo necesitamos.

Ten en cuenta que, si no lo desactivas, cuando reinicies Windows continuará activo.

MyScriptActivaSMB1_1.bat

Este es el script completo para activar con privilegios de administrador un protocolo de Windows, en este caso el protocolo SMB1.

```
@echo off
:: Eleva privilegios si no está como administrador
powershell -Command "Start-Process -FilePath
'%~f0' -Verb RunAs"
exit /b
:: Ejecuta el comando PowerShell
powershell -NoProfile -ExecutionPolicy Bypass
-Command "Enable-WindowsOptionalFeature -Online
-FeatureName SMB1Protocol -All -NoRestart; Format
Table FeatureName, State -AutoSize; Write-Host '';
Write-Host 'Presiona ENTER para cerrar...'; Read-
Host"
```

10. Desactivación de características opcionales de Windows (ej. SMB1)

Así cómo es posible activar características opcionales de Windows mediante scripts.bat y comandos de PowerShell, también es posible **desactivarlas de forma controlada**, manteniendo la misma estructura técnica y elevación de privilegios.

Este capítulo muestra cómo desactivar el protocolo **SMBv1**, siguiendo el mismo patrón que en capítulos anteriores, pero con una modificación mínima en el comando. Se incluye además una verificación de privilegios mediante **`net session`**, útil como técnica general para scripts que requieren ejecución elevada.

Como seguro ya habrás deducido para la desactivación de este protocolo SMB1 desde la consola de CMD o desde un Script.bat sólo requiere un mínimo cambio en el comando PowerShell.

La primera parte, la que nos abre la consola con privilegios de administrador es la misma que lo comentado en los capítulos anteriores.

```
net session >nul 2>&1

if %errorlevel% neq 0 (

    echo Requiere privilegios de administrador.
    Reintentando como administrador...

powershell -Command "Start-Process -FilePath '%~f0'
-Verb RunAs"

    exit /b

)
```

He añadido aquí un control de errores **`if %errorlevel%`** con un comentario **Requiere privilegios de...** sólo por si puede ser de ayuda para ti en otros casos en los que trabajes y como ampliación de detalles. Puedes omitirlo.

Ahora bien, en el comando PowerShell en sí, hay un pequeño cambio, en lugar de activarlo le tenemos que decir que lo desactive.

Así pues, si queremos que lo desactive sin que nos pida reinicio del sistema el comando PowerShell quedaría así.

```
powershell -NoProfile -ExecutionPolicy Bypass
-Command "Disable-WindowsOptionalFeature -Online
-FeatureName SMB1Protocol -NoRestart; Format-Table
FeatureName, State -AutoSize"
```

O bien.

```
powershell -NoExit -NoProfile -ExecutionPolicy
Bypass -Command "Disable-WindowsOptionalFeature
-Online -FeatureName SMB1Protocol; Format-Table
FeatureName, State -AutoSize; Write-Host '';
Write-Host 'Presiona ENTER para cerrar...'; Read-
Host".
:: Este, si nos pide reiniciar el sistema.
```

Como vemos, en ambos casos solo cambia:

`-Command "`**`Enable`**`- WindowsOptionalFeature`

que teníamos antes por:

`-Command "`**`Disable`**`-WindowsOptionalFeature`

11. Ejemplo completo de scripts de desactivación de SMB1

Tras haber explorado cómo activar características opcionales de Windows mediante scripts.bat, este capítulo presenta el ejemplo complementario. La desactivación controlada del protocolo SMBv1, integrando verificación de privilegios, relanzamiento como administrador y ejecución directa de PowerShell.

El script sigue la misma estructura técnica que su versión de activación, pero modifica el comando central para deshabilitar la característica sin requerir reinicio. Además, incluye una verificación previa mediante **`net session`**, útil como patrón general para scripts que requieren privilegios elevados.

Este ejemplo puede servir como plantilla para desactivar otras características o protocolos opcionales del sistema, manteniendo siempre un enfoque claro, seguro y profesional.

MyScriptDesactivaSMB1.bat

```
L-1  @echo off
L.2  :: Verifica si se está ejecutando como
     administrador
L.3  net session >nul 2>&1
L.4  if %errorlevel% neq 0 (
L.5  echo Requiere privilegios de administrador.
     Reintentando como administrador...
L.6  powershell -Command "Start-Process -FilePath
     '%~f0' -Verb RunAs"
L.7  exit /b
L.8  )
L.9  :: Si ya está como administrador, ejecuta
     directamente
L.10 :: No pide reinicio
L.11 powershell -NoProfile -ExecutionPolicy
     Bypass -Command "Disable-
     WindowsOptionalFeature -Online -FeatureName
     SMB1Protocol -NoRestart; Format-Table
     FeatureName, State -AutoSize"
```

Opcional: Sustituir las líneas 10 y 11 si es necesario el reinicio del Sistema por:

```
L10  :: Pide reinicio

L11  :: powershell -NoExit -NoProfile -
     ExecutionPolicy Bypass -Command "Disable-
     WindowsOptionalFeature -Online -FeatureName
     SMB1Protocol; Format-Table FeatureName,
     State -AutoSize; Write-Host ''; Write-Host
     'Presiona ENTER para cerrar...'; Read-Host"
```

Aquí en este Script completo también he añadido las dos formas, requiere reinicio/no requiere reinicio, usa la que realmente necesites, y ya sabes, sólo tienes que quitar el comentario (**::**) delante de **powershell** en el que pide reinicio y ponerlos delante del **powershell** que no pide reinicio, si es que lo necesitas o quieres tener las dos versiones en el mismo Script.

12. Verificar el estado de SMB1 si activado o desactivado

Después de haber visto cómo activar y desactivar el protocolo SMBv1 mediante scripts.bat, es igualmente importante saber cómo verificar su estado actual. Esta comprobación permite confirmar si la característica está habilitada, deshabilitada o pendiente de reinicio, lo cual es esencial en entornos donde se requiere trazabilidad o validación previa a cambios.

Este capítulo presenta un script.bat que, como en los ejemplos anteriores, se ejecuta con privilegios elevados y lanza un comando de PowerShell para consultar el estado de SMB1. La salida se muestra directamente en la consola, permitiendo al usuario tomar decisiones informadas antes de proceder con activaciones o desactivaciones de protocolos de Windows.

Siguiendo con el ejemplo que nos ocupa vamos ahora a usar un Script.bat para verificar el estado de SMB1.

En primer lugar y como hemos venido haciendo hasta aquí vamos a ejecutar nuestro Script como administrador pues es necesario para llevar a cabo estos comandos de PowerShell.

Para ello, lo que ya conocemos de capítulos anteriores para iniciar como administrador:

```
net session >nul 2>&1
if %errorlevel% neq 0 (
    echo Requiere privilegios de administrador.
    Reintentando como administrador...
powershell -Command "Start-Process -FilePath '%~f0'
-Verb RunAs"
exit /b
)
```

Y ahora, vamos al comando PowerShell necesario para verificar si está activado, desactivado o pendiente de reinicio y que nos muestre en la consola CMD el resultado.

```
powershell -NoProfile -ExecutionPolicy Bypass
-Command "Get-WindowsOptionalFeature -Online
-FeatureName SMB1Protocol; Format-Table
FeatureName, State -AutoSize; Write-Host '';
Write-Host 'Presiona ENTER para cerrar...'; Read-
Host"
```

Como vemos aquí hay algún cambio importante, nos valemos del comando **`Get`** que como ves queda así:

`-Command "Get-WindowsOptionalFeature` y que **`Format-Table FeatureName, State`** nos muestre el estado en el que se encuentra.

En la consola CMD veremos algo similar a esto:

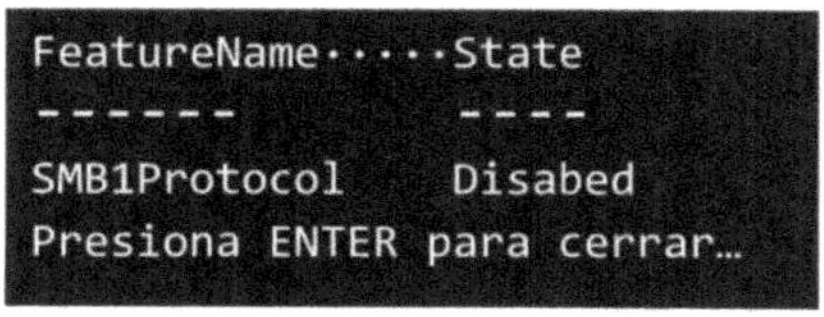

13. Ejemplo completo de scripts de verificación de estado de SMB1

Este capítulo presenta un ejemplo completo de script.bat diseñado para **verificar el estado actual del protocolo SMB1**, integrando todo lo aprendido en capítulos anteriores: elevación de privilegios, uso de **`%~f0`**, invocación de PowerShell y formato de salida claro.

El script permite comprobar si SMB1 está activado, desactivado o pendiente de reinicio, mostrando el resultado directamente en la consola. Es una herramienta útil para validaciones previas, auditorías internas o simplemente para confirmar el estado antes de aplicar cambios.

Una pieza más en el conjunto de scripts funcionales que conforman esta guía.

MyScriptVerificaSMB1.bat

```
@echo off
:: Verifica si se está ejecutando como administrador
net session >nul 2>&1
if %errorlevel% neq 0 (
echo Requiere privilegios de administrador. Reintentando como administrador...
powershell -Command "Start-Process -FilePath '%~f0' -Verb RunAs"
exit /b
)
:: Si ya está como administrador, ejecuta directamente
powershell -NoProfile -ExecutionPolicy Bypass -Command "Get-WindowsOptionalFeature -Online -FeatureName SMB1Protocol | Format-Table FeatureName, State -AutoSize; Write-Host ''; Write-Host 'Presiona ENTER para cerrar...'; Read-Host"
```

14. Verificar, activar o desactivar SMB1

Hasta ahora hemos aprendido a activar, desactivar y verificar el estado de SMBv1 mediante scripts.bat individuales con privilegios elevados. En este capítulo damos un paso más: construir un script **condicional**, capaz de tomar decisiones según el estado actual del sistema.

La lógica es sencilla pero poderosa: si SMB1 está activado, lo desactiva; si está desactivado, lo activa. Este tipo de automatización es útil en entornos donde se requiere **flexibilidad operativa**, como tareas programadas, scripts de mantenimiento o entornos de prueba.

El script incluye verificación de privilegios, consulta del estado actual y ejecución del comando correspondiente, todo integrado en una única solución funcional y portable.

Vamos a ampliar esto un poco más y vamos a construir un Script.bat que desactive o active SMB1 según el estado en que se encuentre.

La primera parte siempre es igual entramos en la consola CMD como administrador.

```
@echo off

:: Verifica si se está ejecutando como administrador

net session >nul 2>&1

if %errorlevel% neq 0 (

    echo Requiere privilegios de administrador. Reintentando como administrador...

powershell -Command "Start-Process '%~f0' -Verb RunAs"

exit /b

)
```

Pero a partir de aquí hay algunos cambios muy importantes.

Verificamos el estado actual de SMB1

```
for /f %%A in ('powershell -Command "(Get-WindowsOptionalFeature -Online -FeatureName SMB1Protocol).State.ToString()"') do (
    set "estado=%%A"
)
```

Vamos por partes.

Este comando hace lo siguiente:

- Ejecuta un comando de PowerShell que obtiene el estado de la característica opcional **SMB1Protocol**.
- Captura la salida de ese comando.
- Asigna esa salida a una variable llamada **estado**.

Desglose por partes para un Sript.bat

`for /f %%A in (...) do (...)`

for /f: → Ejecuta un bucle que procesa la salida de un comando o archivo línea por línea.

`%%A`: → Es una variable de iteración (en un script por lotes se usa doble %, en línea de comandos sería solo **`%A`**). Aquí almacenará la salida del comando PowerShell.

`in ('...')`: → Indica que se va a ejecutar un comando y aprocesar su salida.

do (...): → Define qué hacer con cada línea de salida. En este caso, solo hay una línea, así que se ejecutará sólo una vez.

```
'powershell -Command "(Get-WindowsOptionalFeature
-Online -FeatureName SMB1Protocol).State.ToString()"'
```

Este es el comando que se ejecuta dentro del bucle for:

`powershell -Command`: → Llama a PowerShell desde cmd.

`(Get-WindowsOptionalFeature -Online -FeatureName SMB1Protocol)`: → Obtiene información sobre la característica opcional llamada SMB1Protocol.

`-Online`: → Indica que se consulta el sistema operativo actual.

-FeatureName SMB1Protocol: → Especifica la característica SMB1.

`.State.ToString()`:→ Extrae el estado de esa característica (por ejemplo: Enabled, Disabled, NotPresent) y lo convierte en texto.

`set "estado=%%A"`→ Asigna el valor capturado (el estado de SMB1) a la variable **estado**.

Las comillas aseguran que no haya espacios extraños en el valor asignado.

echo estado actual de SMB1: %estado%
echo. →

La variable estado, ya sabe si SMB1 está activado, desactivado o no existe.

Por lo tanto, con un bucle `if` le vamos a decir que lo active o lo desactive según su estado y nos muestre un mensaje informativo.

```
if /i "%estado%"=="Enabled" (

    echo SMB1 está ACTIVADO. Procediendo a
    DESACTIVARLO...
```

El comando PowerShell para desactivarlo es el mismo que vimos antes en el capítulo 10

```
powershell -NoProfile -ExecutionPolicy Bypass

-Command "Disable-WindowsOptionalFeature -Online

-FeatureName SMB1Protocol -NoRestart"
```

Nos muestra un mensaje informativo

```
  echo SMB1 ha sido DESACTIVADO.
```

Con otro bucle `if` si el anterior es falso (`else if`), le vamos a decir que haga lo propio para activarlo o desactivarlo. Así, si está activado lo va a desactivar

```
) else if /i "%estado%"=="Disabled" (

    echo SMB1 está DESACTIVADO. Procediendo a
    ACTIVARLO...
```

```
    powershell -NoProfile -ExecutionPolicy Bypass
-Command "Enable-WindowsOptionalFeature -Online
-FeatureName SMB1Protocol -All -NoRestart"
echo SMB1 ha sido ACTIVADO.
```

Y ahora, con otro “`else`” vemos si es desconocido en nuestro Sistema operativo y salimos del Script.bat pulsando una tecla.

```
) else (
    echo Estado desconocido: %estado%
)
  Echo Operación completada. Puedes cerrar esta
  ventana o presionar ENTER para salir.
Pause
```

15. Ejemplo completo de scripts de verificación de estado de SMB1 y activación o desactivación según el caso

MyScriptVerificaActivaDesactivaSMB1.bat

```
L.1: @echo off
L.2: :: Verifica si se está ejecutando como
     administrador
L.3  net session >nul 2>&1
L.4: if %errorlevel% neq 0 (
L.5: echo Requiere privilegios de administrador.
     Reintentando como administrador...
L.6: powershell -Command "Start-Process '%~f0'
     -Verb RunAs"
L.7: exit /b
L.8: )
L.9: :: Verifica el estado actual de SMB1
```

```
L.10: for /f %%A in ('powershell -Command
      "(Get-WindowsOptionalFeature -Online
      -FeatureName
      SMB1Protocol).State.ToString()"') do (
L.11: set "estado=%%A"
L.12: )
L.12: echo Estado actual de SMB1: %estado%
L.14: echo.
L.15: :: Activa o desactiva según el estado
L.16: if /i "%estado%"=="Enabled" (
L.17: echo SMB1 está ACTIVADO. Procediendo a
      DESACTIVAR...
L.18: powershell -NoProfile -ExecutionPolicy
      Bypass -Command "Disable-
      WindowsOptionalFeature -Online
      -FeatureName SMB1Protocol -NoRestart"
L.19: echo SMB1 ha sido DESACTIVADO.
L.20: ) else if /i "%estado%"=="Disabled" (
L.21: echo SMB1 está DESACTIVADO. Procediendo a
      ACTIVAR...
L.22: powershell -NoProfile -ExecutionPolicy
      Bypass -Command "Enable-
      WindowsOptionalFeature -Online
      -FeatureName SMB1Protocol -All -NoRestart"
L.23: echo SMB1 ha sido ACTIVADO.
L.24: ) else (
```

```
L.25:  echo Estado desconocido: %estado%
L.26:  )
L.27:  echo Operación completada. Puedes cerrar
       esta ventana o presionar ENTER para
       salir.
L.28:  pause
```

Pero cuidado: en CMD puro, el segundo `else if` puede fallar si no se encapsula correctamente. Para mayor compatibilidad, se recomienda usar una estructura con `if` anidados, así, a partir de la línea 16 y hasta la 28 lo deberíamos dejar de este modo:

```
L.16:  if /i "%estado%"=="Enabled" (
L.17:  echo SMB1 está ACTIVADO. Procediendo a
       DESACTIVAR...
L.18:  powershell -NoProfile -ExecutionPolicy
       Bypass -Command "Disable-
       WindowsOptionalFeature -Online -
       FeatureName SMB1Protocol -NoRestart"
L.19:  echo SMB1 ha sido DESACTIVADO.
L.20:  ) else (
L.21:  if /i "%estado%"=="Disabled" (
L.22:  echo SMB1 está DESACTIVADO. Procediendo a
       ACTIVAR...
L.23:  powershell -NoProfile -ExecutionPolicy
       Bypass -Command "Enable-
       WindowsOptionalFeature -Online -
       FeatureName SMB1Protocol -All -NoRestart"
```

```
        L.24:  echo SMB1 ha sido ACTIVADO.
        L.25:  ) else (
        L.26:  echo Estado desconocido: %estado%
        L.27:  )
L.28: )
L.29: echo Operación completada. Puedes cerrar esta
      ventana o presionar ENTER para salir.
L.30: pause
```

Esta segunda versión es más robusta y compatible con todas las versiones de CMD conocidas hasta ahora (2025).

Lo he comentado y añadido aquí dado que es muy común escribir script en otros casos y para otros menesteres como hemos visto al principio y por si te causa problemas o emite errores que lo conozcas y sepas como corregirlos.

16. Abrir aplicación que requiere SMB1, Activar SMB1 y desactivar SMB1 al salir de la aplicación

En algunos entornos domésticos o de oficina, aún existen dispositivos que dependen del protocolo **SMBv1** para comunicarse con el equipo: unidades NAS, antiguas impresoras de red, plotters o sistemas embebidos. Aunque este protocolo es vulnerable, puede seguir siendo necesario en entornos controlados y seguros.

Este capítulo presenta una solución práctica y responsable: **activar SMB1 solo durante el uso de una aplicación específica**, como por ejemplo un software de copias de seguridad, y **desactivarlo automáticamente al cerrar dicha aplicación**. De este modo, se mantiene la compatibilidad sin comprometer la seguridad del sistema de forma permanente.

La lógica se basa en un scripts.bat que integra activación, ejecución de la aplicación y desactivación final, todo en un flujo automatizado y transparente para el usuario.

Vamos a rizar un poco más el rizo.

Supongamos como decíamos al principio (Capítulo 4).

Imaginemos que tenemos una unidad de red (NAS) personal que funcionaba perfectamente con nuestro wifi y se entendía maravillosamente bien con nuestro equipo, PC o portátil, esa unidad usa el protocolo SMB1.

Pues bien, esa unidad la utilizamos para hacer copias de seguridad, y claro, como sólo se comunica con nuestro PC a través del protocolo SMB1 hemos de activarlo para que ambos se entiendan. (PC y NAS)

Pero..., Se que SMBv1 no es muy seguro para mi equipo, aunque yo sé que mi red (que es mía) es segura, no obstante, quiero trabajar con la máxima seguridad. Así que, voy a activar SMBv1 cuando inicie la aplicación de copias de seguridad y lo voy a desactivar cuando la cierre o cuando se cierre ella misma si así la tenemos configurada, evidentemente, todo esto de forma automática y con un solo clic.

Nota: Sólo necesitaremos el Script para desactivar SMBv1 que en este caso lo venimos llamando **MyScriptDesactivaSMB1.bat**

Habrás deducido ya que sólo tenemos que añadir un comando a nuestro Script.bat para activarlo, sí, alguno de los que hemos creado anteriormente, y lógicamente otro para que lo desactive, claro, tenemos también que decirle que lo active cuando abra mi aplicación de copias de seguridad y por supuesto que lo desactive cuando la cierre.

Vaya lío, ¿no?

Pues no, ya verás que es muy sencillo todo esto.

Lo primero que vamos a hacer es activar SMB1 en segundo plano para que cuando cierre la aplicación de copias de seguridad se acuerde de que estaba activado y lo desactive.

Por lo tanto, vamos a poner en nuestro Script.bat lo siguiente:

```
@echo off

powershell -Command "Start-Process -FilePath
'D:\Datos\Carpeta\MyScriptActivarSMB1.bat' -Verb
RunAs"
```

Análisis detallado del script

```
@echo off
```

- **Propósito:** Desactiva la visualización de los comandos en la consola mientras se ejecutan.
- **Resultado:** La ventana de comandos se verá más limpia, sin mostrar cada línea del script.

```
powershell -Command "Start-Process -FilePath
'D:\Datos\Carpeta\MyScriptActivarSMB1.bat' -Verb
RunAs"
```

Desglose paso a paso:

- **`powershell -Command`**: →
  Llama a **PowerShell** desde el símbolo del sistema (cmd) para ejecutar un comando.
- **`"Start-Process ..."`**: →
  Es el comando de PowerShell que **inicia un nuevo proceso**.
- **`-FilePath 'D:\Datos\Carpeta\MyScriptActivarSMB1.bat'`**:
  → Especifica el **archivo por lotes** que se va a ejecutar. En este caso, el script ActivarSMB1.bat.

- `-Verb RunAs:` →
  Ejecuta el proceso con **privilegios de administrador**. Esto es crucial para modificar configuraciones del sistema como SMB1.

¿Qué hace en conjunto? Este script por sí sólo ejecuta otro archivo.bat que contiene comandos para **habilitar el protocolo SMBv1** en Windows. Lo hace de forma **silenciosa** (sin mostrar comandos) y con **elevación de privilegios** para que tenga permisos administrativos.

Pero nosotros, no vamos a hacer otro y otro y otro y… archivo.bat, para este caso concreto lo vamos a hacer todo en uno.

Veamos:

Análisis detallado del script

:: Abrir Aplicación

```
powershell -WindowStyle Hidden -Command "Start-
Process 'C:\Program Files
(x86)\Aplicación\CarpetaDondeEstáElEjecutable\ejecutable
.exe'
```

```
start "" "C:\Program Files (x86)\
CarpetaDondeEstaElEjecutable\ejecutable.exe"
```

<u>**Desglose paso a paso:**</u>

Primera línea: ejecución oculta con PowerShell

```
powershell -WindowStyle Hidden -Command "Start-
Process 'C:\Program Files
(x86)\Aplicación\CarpetaDondeEstáElEjecutable\ejecutable
.exe'"
```

¿Qué hace?

- **`powershell`**: → Llama a PowerShell desde el símbolo del sistema.
- **`-WindowStyle Hidden`**: → Ejecuta el proceso **sin mostrar ventana**. Ideal para tareas en segundo plano.
- **`-Command "Start-Process ..."`**: → Inicia un nuevo proceso.
- **`'C:\Program Files (x86)\Aplicación\CarpetaDondeEstaElEjecutable\ejecutable.exe'`**: → Especifica el ejecutable que se va a lanzar.

Resultado:

El programa se ejecuta **en segundo plano**, sin que el usuario vea ninguna ventana emergente.

Segunda línea: ejecución con `start`

```
start "" "C:\Program Files (x86)\Aplicación\CarpetaDondeEstaElEjecutable\ejecutable.exe"
```

¿Qué hace?

- **`start`**: → Comando de CMD para **iniciar un nuevo proceso**.
- **`""`**: Es un **título de ventana vacío**. Obligatorio si la ruta contiene espacios. (Program Files lo tiene).

- **"C:\Program Files (x86)\Aplicación\CarpetaDondeEstaElEjecutable\ejecutable.exe"**:→ Ruta del ejecutable.

Resultado:

El programa (¿De copias de seguridad?) se ejecuta **normalmente**, mostrando su ventana al usuario.

¿Por qué usar ambos?

El primero es útil si quieres que el programa se ejecute **sin molestar al usuario**.

El segundo es útil si quieres que el usuario **interactúe** con el programa.

Análisis detallado del script

```
:: Esperar a que la aplicación se cierre
    echo.
    echo Esperando a que la aplicación se cierre...
    :espera
tasklist /FI "IMAGENAME eq Aplicacion.exe"; find /I
"Aplicacion.exe" >nul
    if %errorlevel%==0 (
    timeout /t 5 >nul
    goto espera
)
echo.
```

```
echo La aplicación se ha cerrado. Desactivando SMB1...
```

```
:: Esperar a que la aplicación se cierre
```

`::` Comentario explicativo. No se ejecuta, solo sirve para documentar.

```
echo.

echo Esperando a que la aplicación se cierre...
```

- `echo.` imprime una línea en blanco para mejorar la legibilidad.
- `echo` Muestra un mensaje en pantalla para informar al usuario.

`:espera`

- Define una **etiqueta** llamada espera. Se usa como punto de retorno para el bucle.

```
tasklist /FI "IMAGENAME eq Aplicacion.exe"; find /I "NombreAplicacion.exe" >nul
```

¿Qué hace?

- **`tasklist`**: → Lista todos los procesos en ejecución.
- **`/FI "IMAGENAME eq Aplicación.exe"`**: → Filtra solo los procesos que coincidan con ese nombre.
- **`find /I "Aplicación.exe"`**: → Busca ese nombre en la salida, ignorando mayúsculas y/o minúsculas.
- **`>nul`**: → Oculta la salida del comando.

Resultado: Si el proceso está activo, se encuentra; si no, no aparece.

```
if %errorlevel%==0 ( timeout /t 5 >nul goto espera
)
```

¿Qué hace?

- **`if %errorlevel%==0`**: → Si el proceso fue encontrado (es decir, sigue activo).
- **`timeout /t 5 >nul`**: → Espera 5 segundos sin mostrar nada.
- **`goto espera`**: → Vuelve a la etiqueta `:espera` y repite el chequeo.

Esto crea un **bucle de espera** que se repite cada 5 segundos hasta que el proceso se cierre.

echo. echo Aplicación se ha cerrado. Desactivando SMB1...

- Mensaje final que indica que el proceso ha terminado y que se va a proceder con otra acción (como desactivar SMB1).

¿Para qué sirve este enfoque?

Es ideal cuando necesitas que una aplicación termine **antes de ejecutar otra acción crítica**, como modificar configuraciones del sistema. Evita conflictos o errores por procesos abiertos.

:: Desactivar SMB1

call "D:\Datos\Carpeta**MyScriptDesactivaSMB1**.bat"

exit /b

Análisis detallado del script

`:: Desactivar SMB1`: → Comentario. No se ejecuta, solo sirve para documentar que el propósito es **desactivar el protocolo SMB1**.

```
call "D:\Datos\Carpeta\ MyScriptDesactivaSMB1.bat"
```

¿Qué hace?

`call:` → Ejecuta otro archivo.bat desde el script actual.

`"D:\Datos\Carpeta\ MyScriptDesactivaSMB1.bat "`: → Es la ruta del script .bat que contiene los comandos para **desactivar SMB1**.

Ventaja de usar `call`:
Permite que el script principal continúe su ejecución después de que el archivo llamado termine. Si usaras solo **`"MyScript_DesactivaSMB1.bat"`** sin **`call`**, el script principal se detendría tras ejecutar ese archivo.

```
exit /b
```

`exit /b:` → debe ejecutarse **después**, en una línea aparte, para cerrar el script actual sin interferencias.

/b: → Indica que debe salir solo del script actual, no cerrar toda la ventana de comandos si fue llamado desde otro script.

Uso típico:
Se emplea para terminar el script de forma limpia, especialmente si fue llamado desde otro archivo.bat.

¿Qué hace en conjunto?

Este bloque ejecuta el script que desactiva SMB1 y luego **finaliza el proceso actual sin cerrar** la consola por completo, en caso de que haya sido invocado desde otro script.

Nota: este Script como habrás visto depende o llama a dos Sript.bat que hemos creado anteriormente:

MyScriptActivaSMB1.bat

MyScriptDesactivaSMB1.bat

En esta explicación lo he puesto de ese modo para que aprendas o veas como hacerlo si tienes que depender de otro Script creado previamente.

Por lo tanto, y como verás en el ejemplo completo de este Script esta línea esta comentada y sustituida por una para que no depende de otros Script

Las líneas Comentadas (: :) son:

```
'D:\Datos\Carpeta\ActivarSMB1.bat' -Verb RunAs"

call "D:\DatosW10\Carpeta\DesactivarSMB1.bat"
```

Debajo de ellas en el ejemplo siguiente, puedes ver las que se quedan, para, de este modo, no depender de los otros Script que hemos creado en capítulos anteriores y hacerlo todo con un solo clic sin llamar a otros scripts.

Con un solo clic

- Activar SMB1
- Abrir la aplicación de copias de seguridad
- Cerrar la aplicación de copias de seguridad, y
- Desactivar SMBv1

17. Ejemplo completo de script que activa SMB1 al iniciar una Aplicación y lo desactiva cuando se cierra

En este capítulo se presenta un script .bat que integra todo lo aprendido: activación temporal de SMBv1, ejecución de una aplicación que depende de ese protocolo, y desactivación automática al finalizar. Es una solución pensada para entornos seguros donde se requiere compatibilidad puntual con dispositivos antiguos, sin comprometer la seguridad del sistema de forma permanente.

El script activa SMBv1 en segundo plano, lanza la aplicación deseada y puede complementarse con una llamada final al script de desactivación al cerrar la aplicación deseada. Todo ello se ejecuta con privilegios elevados, manteniendo la portabilidad y claridad que hemos trabajado en capítulos anteriores.

En definitiva, una herramienta funcional, adaptable y responsable para automatizar tareas con criterio técnico.

MyScriptAbreAplicaciónActivaDesactiva.bat

```
L.1:  @echo off

L.2:  :: Activar SMB1 en segundo plano

L.3:  :: powershell -Command "Start-Process
        -FilePath
        'D:\Datos\Carpeta\ActivarSMB1.bat'
        -Verb RunAs"
```

<u>**Nota sobre esta línea comentada (L.3)**</u>, la dejo aquí de ese modo por si en alguna ocasión necesitas hacer uso de una ruta relativa, y para que conozcas como debes escribir el código. Si ese fuese el caso deberías comentar o eliminar la línea siguiente, la L.4, lo mismo se aplica a la línea 20 y 21 de este código.

```
L.4:  powershell -NoProfile -ExecutionPolicy
      Bypass -Command “Enable-
      WindowsOptionalFeature -Online
      -FeatureName SMB1Protocol -NoRestart;
      Format-Table FeatureName, State
      -AutoSize”

L.5:  :: Abrir Aplicacion

L.6:  powershell -WindowStyle Hidden -Command
      start "" "C:\Program Files
      (x86)\Aplicacion\CarpetaAplicacion\Nombre
      Aplicación.exe"

L.7:  :: start “” “C:\Program Files
      (x86)\Aplicación\CarpetaAplicación\Nombre
      Aplicación.exe”
```

```
L.8:  :: Esperar a que Aplicación se cierre
L.9:  echo.
L.10: echo Esperando a que NombreAplicación se cierre…
L.11: :espera
L.12: tasklist /FI "IMAGENAME eq NombreAplicación.exe" | find /I "NombreAplicación.exe" >nul
L.13: if %errorlevel%==0 (
L.14: timeout /t 5 >nul
L.15: goto espera
L.16: )
L.17: echo.
L.18: echo Aplicación se ha cerrado. Desactivando SMB1…
L.19: :: Desactivar SMB1
L.20: :: call “D:\Datos\Carpeta\DesactivarSMB1.bat”
L.21: powershell -NoProfile -ExecutionPolicy Bypass -Command “Disable-WindowsOptionalFeature -Online -FeatureName SMB1Protocol -NoRestart; Format-Table FeatureName, State -AutoSize”
L.22: exit /b
```

Observación muy importante:

Te dejo aquí tres opciones muy interesantes sobre cómo actuar con la línea 20 del Script que acabamos de comentar con el objetivo de que conozcas o mejores si es el caso tus conocimientos sobre rutas relativas y absolutas, esa línea la puedes poner a tu elección según sea tu caso en otros proyectos similares, aquí está como ves comentada (**::**).

Vimos en el capítulo 1 el uso de **'%~f0'** que nos sirve para encontrar la ruta completa incluido el nombre del archivo, pero no para llamar al archivo concreto, en este caso tenemos que llamar a `DesactivarSMB1.bat`

Te dejo tres opciones aparte de la que ya has visto en la línea 20 del Script comentado anteriormente:

Opción 1: Usar ruta relativa (si está en la misma carpeta que el script principal)

```
call "%~dp0DesactivarSMB1.bat"
```

¿Qué hace `%~dp0`?

- **%~dp0:** → representa la ruta del directorio donde está el script actual.

Opción 2: Buscarlo en el PATH[6] o en carpetas conocidas.

Si el archivo está en una carpeta que ya está en el PATH del sistema, puedes simplemente usar:

```
call DesactivarSMB1.bat
```

Pero esto solo funciona si el sistema sabe dónde encontrarlo, lo cual no suele ser el caso con scripts personalizados.

[6] **PATH** es una **variable de entorno** que contiene una lista de directorios donde el sistema operativo busca ejecutables cuando escribes un comando en la terminal o en el símbolo del sistema.

Opción 3: Usar una variable con la ruta dinámica.

```
set "rutaSMB=D:\Datos\Carpeta"
call "%rutaSMB%\DesactivarSMB1.bat"
```

Esto te permite cambiar la ruta fácilmente en un solo lugar si el archivo se mueve.

Recomendación para el caso del ejemplo:

Dado que estás construyendo un script robusto y autónomo, **la opción con `%~dp0`** es la más limpia y práctica si ambos archivos están juntos. Así no dependes de rutas absolutas ni de configuraciones externas.

Nota:

Dejo la línea 20 con la llamada **`Call`** y la ruta completa comentada para aquellos estudiantes o aficionados a estos menesteres que tengan unos conocimientos más incipientes sobre esta materia y/o tengan necesidad de usarla en otros proyectos.

Puedes probar el funcionamiento de este script con cualquier aplicación, Acrobat, Word, Excel, Paint, etc. etc. modificando sólo la ruta de la línea 6.

Desactiva SMB1, abre el Script, verifica si SMB1 se ha activado, cierra la aplicación y vuelve a verificar, verás SMB1 desactivado de nuevo.

18. Mapeando una red.

Antes de automatizar tareas o acceder a recursos compartidos, es fundamental entender cómo está estructurada nuestra red doméstica.

En este capítulo abordamos el proceso de mapeo básico: identificar los dispositivos conectados, conocer sus direcciones IP y verificar que la comunicación entre ellos sea posible.

Imaginemos que acabamos de conectar una nueva unidad de copias de seguridad NAS, disco externo o equipo auxiliar a nuestro rúter mediante cable de red. Nuestro PC, por su parte, está conectado por Wifi o por cable. Para que ambos se entiendan, necesitamos saber qué IP tiene cada uno, y confirmar que están en la misma red.

Este paso es esencial para validar la conectividad, preparar scripts de acceso remoto, montar unidades compartidas o simplemente entender qué dispositivos están activos en nuestra red.

Acabamos de conectar nuestra nueva unidad de copias de seguridad u otra a nuestra red doméstica, un cable de red la conectará a nuestro rúter y normalmente este, estará conectado con nuestro PC por WIFI (también es válida la conexión por cable).

Lo primero que hemos de hacer es conocer las IPs de todos los dispositivos que están conectados a nuestra red, si nuestro nuevo equipo está bien configurado y hemos seguido fielmente las instrucciones de conexión que nos haya facilitado el fabricante, con un simple comando CMD tendremos toda la información de lo que está conectado a nuestra red.

El comando en cuestión es: **`arp -a`**, abrimos nuestra consola CMD (símbolo del sistema) Windows + R → cmd + Enter, ahí escribimos el comando **`arp -a`** y nos mostrará en la consola todas las IPs de nuestra red, así como la MAC de cada una de esas IPs, lo podemos ver en la imagen.

```
C:>arp -a

Interfaz: 192.168.1.xxx ---0xe
  Dirección de Internet Dirección física    Tipo
  192.168.1.1           44-18-b9-xx-xx-xx   Dinámico
  192.168.1.xx          c8-ff-25-12-xx-xx   Dinámico
  192.168.1.54          00-00-c0-b2-xx-xx   Dinámico
  192.168.1.xx          64-4e-d7-xx-xx-xx   Dinámico
  192.168.1.xxx         f8-25-51-24-xx-xx   Dinámico
  192.168.1.255         ff-ff-ff-ff-ff-ff   Estático
  224.0.0.x             01-00-5e-xx-xx-xx   Estático
  224.0.0.xx            01-00-5e-xx-xx-xx   Estático
  224.0.0.xxx           01-00-5e-xx-xx-xx   Estático
  224.255.xxx.xxx       01-00-5e-xx-xx-xx   Estático
  Etc.
```

Dirección de Internet (IP), Dirección física (MAC)

Lo segundo que hemos de hacer es conocer las letras de las unidades que ya tenemos asignadas, pues nuestro sistema operativo no nos permitirá conexiones múltiples con el mismo nombre de usuario y contraseña o bien podríamos encontrarnos con este aviso: *"La carpeta de red especificada está actualmente asignada con otro nombre de usuario"*.

¿Qué quiere decir esto?

Dos cosas:

1.- Que no podemos conectar a nuestra red algo que ya tengamos conectado con el mismo usuario si la contraseña es la misma.

2.- Que no podremos asignar la unidad con una letra de unidad ya asignada.

La advertencia de Windows *"La carpeta de red especificada está actualmente asignada con otro nombre de usuario"*. Es un poco confusa, pero en realidad lo que nos está diciendo es que una de estas dos cosas está sucediendo.

Por lo tanto, hemos de conocer las letras de unidad que ya tenemos asignadas para elegir cualquiera que no lo esté.

Para ello, desde nuestra consola CMD hemos de ejecutar un nuevo comando que es: `net use`. Una vez ejecutado este comando obtendremos una vista similar a esta.

```
C:\>net use
Se registrarán las nuevas conexiones.
Estado      Local   Remoto                          Red
-------------------------------------------------------------------------------
Conectado   H:      \\192.168.1.xx\SSD              Microsoft Windows Network
Conectado   I:      \\192.168.1.xx\user             Microsoft Windows Network
Conectado   J:      \\192.168.1.xx\Public           Microsoft Windows Network
Conectado   K:      \\192.168.1.xx\MyNas\MyUsb2Nas  M W NetWork
Se ha completado el comando correctamente
```

Siguiendo este ejemplo podríamos asignar a nuestra nueva red (NAS) cualquier letra que no sea H, I, J, K. pues ya están ocupadas.

En este ejemplo tenemos:

- Una unidad USB (SSD) conectada a la conexión USB de nuestra NAS o directamente al rúter si este lo permite.
- Una carpeta en nuestra NAS con el nombre user.
- Una carpeta en nuestra NAS con el nombre Public
- Un segundo USB (MyNas\MyUsb2Nas) del que queremos conectar sólo la carpeta MyUsb2Nas, si bien esta última podría dar nombre a una carpeta, pero yo sé que en este caso concreto es un USB.

En resumen, podremos ver tantas letras de unidad como sitios de nuestra red, a la que queramos dirigirnos, o a tantas carpetas como las que hayamos configurado en nuestra unidad de red (NAS).

En nuestra red doméstica, podemos crear tantas carpetas de usuario como las que consideremos necesarias.

Para unas estableceremos un nombre de usuario y contraseña y para otras no será necesaria la contraseña, por ejemplo, la carpeta Public.

Esto es importante tenerlo en cuenta a la hora de mapear nuestra red a fin de no llevarnos a errores recurrentes que se suelen dar con más frecuencia de la que creemos.

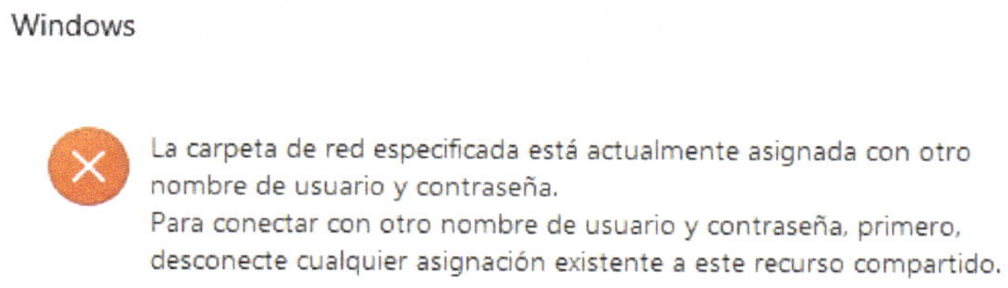

No es lo mismo agregar una red visible en nuestro explorador de archivos con user+contraseña que, (siguiendo el ejemplo) la carpeta Public de esa misma red.

Con mucha frecuencia cometemos el grave error de que no podemos agregar la carpeta Public o cualquier otra que no tenga contraseña porque seguimos los mismos criterios a la hora de agregarlas.

Veamos cómo podemos hacer esto desde CMD, pues a veces, "agregar unidad de red" de Windows no nos muestra algún o algunos elementos de nuestra red, o a veces queremos asignar letras consecutivas o diferenciadas para cada usuario (carpeta), por ejemplo, a la carpeta de Juan le queremos asignar la letra J:, a Pedro la P:, a Wifredo la W: etc. Con CMD vamos a hacer esto de manera muy sencilla.

Veamos como agregar nuestra unidad de red de la carpeta Públic (no tiene contraseña) y no tenemos más datos, sólo sabemos que se llama Public porque así lo hemos decidido cuando hemos configurado nuestra unidad de red o así venía ya configurada, Normalmente las unidades de red suelen venir con dos unidades por defecto; Public y Download.

Le vamos a asignar una letra que tengamos libre y vemos que la letra "**P:**" no la tenemos ocupada en nuestro sistema, por otra parte, conocemos ya la IP de nuestra RED (NAS). Así que tenemos, la IP **\\192.168.1.xx** y el nombre de la carpeta **Public**.

Desde la consola CMD usamos el comando:

```
net use P: \\192.168.1.xx\Public
```

Ya está, si abrimos nuestro explorador de archivos y seleccionamos este equipo, la veremos bajo dispositivos y unidades.

Si la abrimos podemos poner en ella todos los archivos que queramos según la capacidad que le hayamos asignado al configurar el equipo de nuestra red doméstica, así como podremos crear cuantas carpetas consideremos pertinente, y todos los usuarios que hayan agregado esta carpeta a su equipo tendrán acceso a lo que en ella haya. Si están conectados a la misma red WIFI.

Es obvio que a esa carpeta también podemos en la configuración de nuestro equipo NAS asignarle una contraseña, pero entonces ya no será tan Public. La carpeta Public tiene una gran importancia en una red doméstica, o en una gran empresa, en ella habrá archivos que se podrán compartir para corregir, ampliar detalles, trabajar en equipo, etc.

El lector habrá deducido ya que si le hemos asignado una contraseña el comando de CMD para agregar Public que hemos visto antes no será el mismo.

Vamos a analizar ahora como agregar una unidad de red protegida con contraseña.

Desde nuestra consola CMD:

`net use J:` **`\\192.168.1.xx\`**`carpeta /user:usuario contraseña /persistent:yes`

```
net use J: \\servidor\carpeta /user:usuario contraseña /persistent:yes
```

Aunque considero que esta línea de comando no requiere explicación, siguiendo la tónica general dada en este libro la vamos a dar.

1.- **`net use J: \\192.168.1.xx\carpeta`**

El comando CMD (**`net use`**)

La letra de unidad que queremos asignar (**P:**)

La Dirección IP de nuestra red (**\\192.168.1.xx**

El nombre de la carpeta a la que queremos acceder

2.- **`/user:usuario contraseña /persistent:yes`**

`/user:` → `usuario`, El nombre de usuario asignado a esa carpeta.

`Contraseña`: → la que pusimos para ese usuario.

`/persistent:yes`: →para que la unidad se mantenga activa después del reinicio del sistema, **`yes`** guarda la conexión existente tal como está hecha y la restaura en el siguiente inicio de sesión.

Como vemos, al escribir el comando en CMD nos hemos equivocado de letra de unidad hemos puesto **J:** cuando queríamos poner **P:**, Esto podemos corregirlo lanzando de nuevo el mismo comando, pero si escribimos el mismo comando para otra conexión de red y le queremos asignar la letra **J:** no podremos pues Windows nos mostrará el mensaje que vimos antes:

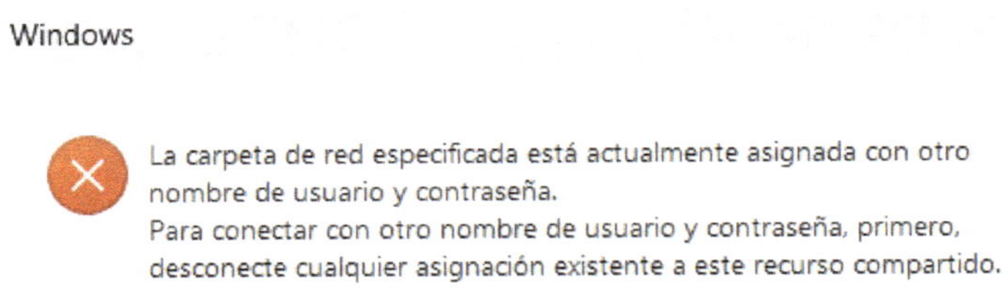

Tenemos pues que borrar o desconectar esa unidad de red, desde el explorador de archivos no podremos pues Windows nos dirá que esa conexión de red no existe, pero, está guardada porque en el comando que pusimos **`/persistent:yes`** y Windows la recuerda, no obstante, hay al menos una solución.

Comando apropiado desde CMD para borrarla y que el sistema no la recuerde:

`Net use J: /delete`, esto elimina la conexión si la letra **J:** ya está asignada, no obstante, en algunos casos hay que eliminar la conexión por otros medios pues se puede quedar sin letra asignada y cuando voy a agregar esa conexión con la letra correcta **P:** como el usuario y la contraseña ya lo escribí antes, me encuentro con el mismo problema.

En este caso usaremos el comando CMD

```
net use \\servidor\carpeta /delete
net use \\192.168.1.xx\carpeta /delete
```

Como vemos, podemos eliminar la conexión persistente de cualquiera de estos dos modos, con **`net use J:`** o con **`net use \\servidor\`** y ya podemos crear la nueva conexión con los datos correctos, es decir mapear la conexión con la letra **P:** y el usuario correcto.

Eliminar una conexión de red no afecta en absoluto a los archivos o carpetas que contiene esa unidad. Simplemente estamos **desconectando el acceso**, no modificando ni tocando nada en la red.

19. Detección de unidades USB conectadas a una unidad de red (no directamente al rúter).

Supongamos que tenemos una unidad de red dedicada a copias de seguridad, conectada a nuestro rúter. Esta unidad dispone de uno o varios puertos USB, donde podemos conectar discos externos.

Como vimos en capítulos anteriores, conocemos las carpetas compartidas de esa unidad porque las configuramos manualmente al configurar nuestra unidad de red y las anotamos. Pero ahora, adquirimos un nuevo disco duro externo y lo conectamos a uno de esos puertos USB.

Surge entonces la pregunta: **¿Qué nombre tiene ese disco en la red?**

¿Será el nombre comercial, el que venía en la caja? ¿O algún identificador técnico?

Lo que sí sabemos es que **necesitamos conocer ese nombre**, porque en nuestra red aparecerá como una carpeta compartida más. Y aunque ya dominamos los comandos para consultar letras asignadas, IPs conectadas y unidades disponibles, **el nombre del nuevo disco sigue siendo un misterio**. El administrador de discos de Windows no nos lo revela, y sin ese dato no podemos completar la ruta de acceso.

```
\\192.168.1.59\nombre
```

Pero no hay que preocuparse. Existe una solución sencilla y directa: Desde la consola CMD, ejecutamos el siguiente comando:

```
net view \\192.168.1.59
```

Este comando nos mostrará una lista con los recursos compartidos disponibles en esa dirección IP. Veremos el nombre del nuevo disco, el tipo de dispositivo (por ejemplo, "Disco") y, en muchos casos, incluso que se trata de un **USB**. Con esa información, ya podemos conectar nuestra unidad de red como hemos aprendido.

```
\\192.168.1.59\MyUSBQueAcaboDeComprar
```

Sencillo, ¿verdad? Aunque al principio parezca confuso, con las herramientas adecuadas todo se aclara.

¡Y sí, a veces da sudores… pero también satisfacción!

20. Herramientas complementarias desde CMD

Además de los comandos que hemos utilizado para mapear y gestionar unidades de red, existen otras herramientas que nos permiten explorar, diagnosticar y resolver problemas en nuestra red local. A continuación, se presentan los más útiles, con una breve descripción de su función

Exploración y detección de recursos

`net view \\IP`

Muestra los recursos compartidos en un equipo remoto. Ya lo has usado con éxito anteriormente.

`ping IP`

Verifica si un equipo está accesible en la red. Útil para comprobar conectividad antes de mapear.

`arp -a`

Muestra la tabla ARP[7] con las IPs y direcciones MAC detectadas. Puede ayudarte a identificar dispositivos conectados.

---

[7] ARP: Protocolo de Resolución de Direcciones IP Asociadas con la MAC

`nbtstat -A IP`

Muestra información NetBIOS del equipo remoto, incluyendo nombre de host y servicios activos.

Gestión de conexiones de red

`net use`

Lista todas las unidades de red conectadas actualmente.

- **`net use X: /delete`**
  Elimina la conexión de red asignada a la letra X.
- **`net use X: \\IP\Recurso /user:usuario contraseña`**
  Conecta una unidad de red con credenciales específicas.

Diagnóstico y resolución de problemas

- **`ipconfig`**
  Muestra la configuración IP del equipo local. Útil para verificar la puerta de enlace y la IP asignada.
- **`ipconfig /all`**
  Muestra información detallada, incluyendo DNS, DHCP, y MAC.
- **`tracert IP`**
  Muestra la ruta que siguen los paquetes hasta llegar al destino. Útil si hay problemas de acceso.

- **`netstat -an`**

  Muestra todas las conexiones activas y puertos abiertos. Puede ayudarte a detectar actividad sospechosa o bloqueos.

  El comando **`netstat -an`** permite visualizar todas las conexiones activas y puertos abiertos en el sistema. Sin embargo, su salida es extensa y no está directamente relacionada con la gestión de unidades de red. Se recomienda solo para usuarios avanzados que necesiten diagnosticar problemas de conectividad o seguridad.

  El comando **`netstat -an`** puede ser útil en contextos muy específicos (como diagnóstico de puertos abiertos, conexiones activas o detección de malware).

Opcional: comandos avanzados

- **`net config Workstation`**

  Muestra información sobre el equipo local en la red.

- **`net statistics Workstation`**

  Muestra estadísticas de uso de red desde el último arranque.

- **`net share`**

  Lista los recursos compartidos del equipo local

21. Script interactivo para mapeo de unidades de red con validación de letra y control de duplicados

Después de identificar los dispositivos en nuestra red (Capítulo 19), llega el momento de automatizar el acceso a ellos. Pero no basta con mapear una unidad de red: queremos hacerlo **de forma inteligente**, evitando errores, duplicaciones y conflictos de letras.

En este capítulo damos forma a un script .bat que lo hace todo con un solo clic, pero con criterio técnico:

- Detecta con precisión qué letras de unidad están ocupadas.
- Muestra solo las letras disponibles.
- Impide elegir una letra ya asignada.
- Verifica si el recurso de red ya está conectado y evita duplicarlo.
- Mapea la unidad de red si todo está en orden.

Una solución interactiva, funcional y segura, que demuestra cómo la automatización puede ser también **elegante y robusta**.

Pues vamos allá con ello.

Todo lo vamos a hacer desde un Script .bat que vamos a ejecutar con un solo clic, y además en este caso vamos a llamar a CMD sin privilegios elevados.

Este es el Script en cuestión:

MapeaRed.bat

```
@echo off
setlocal enabledelayedexpansion
:: Inicializar letras como libres
for %%L in (A B C D E F G H I J K L M N O P Q R S T
U V W X Y Z) do (
set "letra_%%L=libre"
)
:: Detectar letras ocupadas usando vol
for %%D in (A B C D E F G H I J K L M N O P Q R S T
U V W X Y Z) do (
    vol %%D: >nul 2>&1
if not errorlevel 1 (
        set "letra_%%D=ocupada"
)
)
```

```
:: Mostrar letras disponibles
echo Letras disponibles:
for %%L in (A B C D E F G H I J K L M N O P Q R S T
U V W X Y Z) do (
    if "!letra_%%L!"=="libre" echo   %%L:
)
echo.
:: Solicitar letra de unidad
:pedir_letra
set /p unidad=Letra de unidad que deseas asignar:
set "unidad=%unidad:~0,1%"
:: Asegura que solo se tome la primera letra
if "!letra_%unidad%!"=="ocupada" (
    echo La letra %unidad%: ya está en uso. Por
    favor, elige otra.
goto pedir_letra
)
:: Solicitar IP y carpeta
set /p ip=Dirección IP del equipo remoto (ej.
192.168.1.59):
set /p carpeta=Nombre de la carpeta compartida (ej.
Public):
:: Construir ruta de red
set recurso=\\%ip%\%carpeta%
```

```
:: Verificar si el recurso ya está conectado
net use | find "%recurso%" >nul
if %errorlevel%==0 (
    echo El recurso %recurso% ya está conectado. No
    se permite duplicarlo.
    pause
    exit /b
)
:: Eliminar el recurso si está conectado sin letra
(por seguridad)
net use %recurso% /delete >nul 2>&1
:: Mapear la unidad
net use %unidad%: %recurso% /persistent:yes
:: Verificar si el mapeo fue exitoso
if %errorlevel%==0 (
    echo Unidad %unidad%: mapeada correctamente a
    %recurso%
) else (
    echo Error al mapear la unidad. Verifica los
    datos y permisos.
)
endlocal
pause
```

22. Explicación detallada del cap. (21)

Script interactivo para mapeo de unidades de red con validación de letra y control de duplicados

Automatizar es útil. Entender lo que se automatiza, es poderoso.

En este capítulo nos detenemos para analizar, paso a paso, el script que desarrollamos en el capítulo anterior. Cada línea tiene un propósito, cada validación responde a una necesidad concreta, y cada decisión técnica está pensada para evitar errores comunes al mapear unidades de red.

Este análisis no solo aclara el funcionamiento interno del script, sino que prepara al lector para modificarlo, adaptarlo o integrarlo en entornos más complejos. Al final del capítulo, exploraremos también un caso adicional: cómo gestionar el mapeo cuando el recurso de red requiere **usuario y contraseña**, ampliando así la versatilidad del enfoque.

Una inmersión técnica, didáctica y práctica, para quienes quieren ir más allá del clic.

Vamos a explicar todo el código de este Script línea por línea, después estudiaremos otro caso en el que se requiera usuario y contraseña.

```
@echo off
```

Desactiva la visualización de comandos en pantalla. Esto hace que el script se vea más limpio al ejecutarse.

```
setlocal enabledelayedexpansion
```

Inicia un entorno local de variables.
`enabledelayedexpansion`: → permite actualizar y leer variables dentro de bucles (**`for`**) en tiempo real, usando la sintaxis !variable!

```
for %%L in (A B C D E F G H I J K L M N O P Q R S T U V W X Y Z) do (
    set "letra_%%L=libre"
)
```

Recorre todas las letras posibles de unidades (A a Z).
Crea una variable `letra_L=libre` para cada letra, marcándola como disponible inicialmente.

```
for %%D in (A B C D E F G H I J K L M N O P Q R S T U
V W X Y Z) do (
    vol %%D: >nul 2>&1
    if not errorlevel 1 (
        set "letra_%%D=ocupada"
    )
)
```

Intenta ejecutar **vol**[8] sobre cada letra.
Si no hay error (**errorlevel 0**), significa que esa letra está asignada a una unidad.
Marca esa letra como ocupada.

```
echo Letras disponibles:
for %%L in (A B C D E F G H I J K L M N O P Q R S T U
V W X Y Z) do (
    if "!letra_%%L!"=="libre" echo   %%L:
)
echo.
```

Muestra en pantalla solo las letras que están marcadas como libres.
Esto ayuda al usuario a elegir una letra válida.

[8] Vol = **comando de Windows** que muestra la **etiqueta del volumen** y el **número de serie** del sistema de archivos de una unidad específica. Ej. Vol C:

```
:pedir_letra
set /p unidad=Letra de unidad que deseas asignar:
set "unidad=%unidad:~0,1%"
```

Pide al usuario que introduzca una letra.
Usa solo el primer carácter (**%unidad:~0,1%**) por si el usuario escribe más de una letra accidentalmente.

```
if "!letra_%unidad%!"=="ocupada" (
    echo La letra %unidad%: ya está en uso. Tranquilo, puedes elegir otra sin problema.
    goto pedir_letra
)
```

Verifica si la letra elegida está marcada como ocupada.
Si lo está, muestra un mensaje y vuelve a pedir otra letra.

```
set /p ip=Dirección IP del equipo remoto (ej. 192.168.1.59):
set /p carpeta=Nombre de la carpeta compartida
```

Pide al usuario la IP del equipo remoto y el nombre de la carpeta compartida.

```
set recurso=\\%ip%\%carpeta%
```

Combina la IP y la carpeta para formar la ruta UNC completa del recurso compartido.

La ruta UNC (Universal Naming Convention), es un estándar para identificar recursos en una red, como archivos y directorios, utilizando un formato específico que no depende de letras de unidad.

```
  net use | find "%recurso%" >nul
if %errorlevel%==0 (
    echo El recurso %recurso% ya está conectado. No
    se permite duplicarlo.
pause
exit /b
)
```

Busca en las conexiones activas si el recurso ya está conectado, si lo encuentra, muestra un mensaje y termina el script para evitar duplicados.

Nota: La ruta UNC no depende de letras de unidad, lo que la hace útil para identificar recursos en red de forma universal.

`net use %recurso% /delete >nul 2>&1`

Intenta eliminar cualquier conexión previa al recurso, aunque no tenga letra asignada.

`>nul 2>&1` Redirige la salida de error **`(stderr)`** al mismo destino que la salida estándar **`>nul`**. Todo lo que el comando pudiera mostrar (mensajes, errores, advertencias) se descarta silenciosamente.

Esto ayuda a evitar conflictos de credenciales o errores como el 85, típico del comando **`net use`**

`net use %unidad%: %recurso% /persistent:yes`

Mapea la unidad de red con la letra elegida.

`persistent:yes`

indica que la conexión se mantendrá tras reiniciar el sistema.

```
if %errorlevel%==0 (
    echo Unidad %unidad%: mapeada correctamente a
    %recurso%
) else (
    echo Error al mapear la unidad. Verifica los
datos y permisos.
)
```

Si el comando anterior tuvo éxito (**errorlevel 0**), muestra mensaje de éxito.
Si hubo error, muestra mensaje de fallo

Endlocal

Cierra el entorno local de variables.

echo Operación completada. Puedes cerrar esta ventana o presionar ENTER para salir.

Pause mantiene la ventana abierta hasta que el usuario presione una tecla.

23. Script interactivo con usuario y contraseña

En redes más complejas o entornos donde los recursos compartidos requieren autenticación, el mapeo de unidades no puede limitarse a una conexión directa. Necesitamos un script que no solo detecte letras disponibles y evite duplicaciones, sino que también **solicite credenciales de acceso** y las utilice de forma segura y funcional.

Este capítulo presenta un script .bat interactivo que:

- Detecta letras de unidad ocupadas y muestra solo las disponibles.
- Solicita al usuario la letra deseada, validando que no esté en uso.
- Pide dirección IP, carpeta compartida, nombre de usuario y contraseña.
- Verifica si el recurso ya está conectado y evita duplicarlo.
- Mapea la unidad con las credenciales proporcionadas, de forma persistente.

Una solución práctica para entornos donde la seguridad y la autenticación son parte del día a día, sin renunciar a la simplicidad de uso.

ScriptInteractivo.bat

```
@echo off
setlocal enabledelayedexpansion
:: Inicializar letras como libres
for %%L in (A B C D E F G H I J K L M N O P Q R S
T U V W X Y Z) do (
    set "letra_%%L=libre"
)
:: Detectar letras ocupadas usando vol
for %%D in (A B C D E F G H I J K L M N O P Q R S
T U V W X Y Z) do (
    vol %%D: >nul 2>&1
    if not errorlevel 1 (
        set "letra_%%D=ocupada"
    )
)
:: Mostrar letras disponibles
echo Letras disponibles:
for %%L in (A B C D E F G H I J K L M N O P Q R S
T U V W X Y Z) do (
    if "!letra_%%L!"=="libre" echo   %%L:
)
echo.
```

```
:: Solicitar letra de unidad
:pedir_letra
set /p unidad=Letra de unidad que deseas asignar:
set "unidad=%unidad:~0,1%"
:: Solo toma la primera letra
if "!letra_%unidad%!"=="ocupada" (
    echo La letra %unidad%: ya está en uso. Por
    favor, elige otra.
    goto pedir_letra
)
:: Solicitar IP, carpeta, usuario y contraseña
set /p ip=Dirección IP del equipo remoto (ej.
192.168.1.60):
set /p carpeta=Nombre de la carpeta compartida
(ej. MisDatos):
set /p usuario=Nombre de usuario para
autenticación:
set /p contraseña=Contraseña del usuario:
:: Construir ruta de red
set recurso=\\%ip%\%carpeta%
:: Verificar si el recurso ya está conectado
net use | find "%recurso%" >nul
if %errorlevel%==0 (
    echo El recurso %recurso% ya está conectado.
    No se permite duplicarlo.
```

```
        pause
        exit /b
    )
    :: Eliminar el recurso si está conectado sin letra
    net use %recurso% /delete >nul 2>&1
    :: Mapear la unidad con credenciales
    net use %unidad%: %recurso% /user:%usuario%
    %contraseña% /persistent:yes
    if %errorlevel%==0 (
        echo Unidad %unidad%: mapeada correctamente a
        %recurso%
    ) else (
        echo Error al mapear la unidad. Verifica los
        datos, permisos o credenciales.
    )
    endlocal
    pause
```

Consideraciones importantes

- **Seguridad**: la contraseña queda visible en pantalla y en memoria. Para mayor seguridad, podríamos usar PowerShell para ocultarla, si, un archivo **.ps1**.
- **Autenticación**: si el recurso permite acceso anónimo o con el usuario actual, puedes omitir los campos de usuario y contraseña.
- **Control de errores**: se mantiene la validación de letra y duplicado para evitar conflictos.

24. ¿Qué es un archivo .ps1?

Hasta ahora hemos trabajado con scripts.bat, potentes y versátiles en entornos Windows. Pero existe otra herramienta aún más poderosa y moderna: **PowerShell**. Los archivos con extensión **.ps1** son scripts diseñados para este entorno, capaces de realizar tareas administrativas, de red, sistema o desarrollo con mayor profundidad y control.

Este capítulo introduce el concepto de archivo **.ps1**, explicando qué lo hace diferente, cómo se ejecuta y qué consideraciones de seguridad debemos tener en cuenta. Es el primer paso para ampliar nuestras capacidades de automatización, con un lenguaje más expresivo y orientado a objetos.

.ps1 Una puerta abierta hacia nuevas posibilidades técnicas.

Un archivo con extensión **.ps1** es un **script de PowerShell**, que contiene instrucciones automatizadas para tareas administrativas, de red, sistema o desarrollo. Para ejecutarlo, es necesario que el sistema permita la ejecución de scripts, lo cual depende de la política de ejecución configurada en el equipo.

¿Qué hace el símbolo pipe (|) en PowerShell y en qué se diferencia del punto y coma (;) en PowerShell?

El símbolo **pipe** (|) se usa para encadenar comandos, pasando la salida de uno como entrada del siguiente.

El **punto y coma (;)** se usa para separar comandos en una misma línea, ejecutándolos uno tras otro.

25. Políticas de ejecución en PowerShell.

Antes de ejecutar cualquier script **.ps1**, es imprescindible comprender cómo PowerShell gestiona la seguridad. A diferencia de los archivos **.bat**, los scripts de PowerShell están sujetos a una política de ejecución que determina si pueden ejecutarse y bajo qué condiciones.

Este capítulo ofrece una guía clara y práctica sobre las **Execution Policies**, explicando los niveles más comunes, cómo consultar la política actual, cómo modificarla temporal o permanentemente, y cómo ejecutar correctamente un script **.ps1** desde el entorno de PowerShell.

Una observación técnica imprescindible para trabajar con PowerShell de forma segura, consciente y funcional.

Nota técnica: Ejecución de scripts.ps1 en PowerShell.

PowerShell incluye un mecanismo de seguridad llamado **Execution Policy**, que controla si los scripts pueden ejecutarse y bajo qué condiciones.

Abrimos PowerShell, Inicio → Buscar aplicaciones y escribimos PowerShell, usamos si es necesario ejecutar como administrador.

Los niveles más comunes para la ejecución de Sripts .ps1 son:

- Restricted
- RemoteSigned
- Unrestricted
- Bypass

Cómo consultar la política actual

```
Powershell
Get-ExecutionPolicy
```

Cómo cambiar la política (temporalmente o permanentemente)

Temporalmente (solo para la sesión actual):

```
Powershell
Set-ExecutionPolicy -Scope Process -ExecutionPolicy RemoteSigned
```

Permanentemente (requiere privilegios de administrador):

```
Powershell
Set-ExecutionPolicy -Scope LocalMachine -ExecutionPolicy RemoteSigned
```

Cómo ejecutar un script .ps1

Una vez configurada la política, puedes ejecutar el script así:

```
Powershell
.\NombreDelScript.ps1
```

¿Es obligatorio poner el punto y la barra invertida al principio?

- **Si**, si estás en PowerShell y quieres ejecutar un script que está en el directorio actual. PowerShell no busca en el PATH como CMD; por seguridad, exige que indiques explícitamente que el script está en el directorio actual. **.\MapeoRed.ps1**
- **No**, si usas una ruta completa o relativa distinta: `C:\Scripts\miScript.ps1`

Asegúrate de estar en el directorio correcto o usa la ruta completa.

Buenas prácticas de seguridad.

- **Evita usar `Unrestricted` o Bypass** en entornos sensibles.
- **Firma tus scripts** si van a distribuirse en redes corporativas.
- **Verifica el origen** de cualquier script antes de ejecutarlo.
- **Usa `AsSecureString`** para manejar contraseñas, como vimos en el ejemplo anterior.

Ejemplo práctico:

Si estás en D:\Scripts y tienes un archivo llamado activar.ps1, puedes ejecutarlo como muestra la imagen de arriba.

Si lo intentas sin el **.**, PowerShell te dirá algo como:

"El término 'activar.ps1' no se reconoce como nombre de un cmdlet..."

Diferencias clave entre ejecutar scripts en PowerShell vs CMD: **Lenguaje interpretado**		
Característica	**PowerShell**	**CMD**
Lenguaje	PowerShell (Objeto orientado)	Batch (texto plano)
Sintaxis	Usa cmdlets, objetos pipelines	Usa comandos básicos de texto
Variables	$variable	%variable%
Comentarios	# comentario	Rem o :: comentario

Ejecución de script .ps1		
Acción	**PowerShell**	**CMD**
Ejecutar script .ps1	.\script.ps1 o powershell-File scr	❌No se puede ejecutar .ps1 directamente
Requiere prefijo .\	Si, por seguridad	❌No se aplica
Puede ejecutar .bat	Si	Si
Puede ejecutar .ps1	Si	No directamente

En CMD, si intentas ejecutar .ps1 veras un error como "no se reconoce como un comando interno o externo.

Política de ejecución

PowerShell tiene restricciones de seguridad que CMD no tiene:

- **PowerShell** puede bloquear scripts según la política de seguridad del equipo, (`Get-ExecutionPolicy`).
- **CMD** ejecuta cualquier .bat sin restricciones.

Si el usuario no tiene permisos o la política es restrictiva (`Restricted`), PowerShell no ejecutará el script `.ps1` a menos que se use `-ExecutionPolicy Bypass`

Comportamiento de comandos

- En PowerShell, los comandos devuelven **objetos** que puedes filtrar, transformar, exportar.
- En CMD, los comandos devuelven **texto plano**, sin estructura.

Ejemplo:

PowerSell

```
Get-Process | Were-Objet { $_.CPU -gt -gt 10 }
```

En CMD, esto sería imposible sin herramientas externas.

Integración entre ambos.

Desde PowerShell puedes ejecutar comandos de CMD (dir, copy, etc.).

- Desde CMD puedes lanzar PowerShell con:

CMD

`powershell -Command " "` como hemos estudiado en capítulos anteriores.

Recomendación para el lector:

Siempre que trabajes con scripts **.ps1**, asegúrate de estar en PowerShell o de lanzar PowerShell desde CMD con los parámetros adecuados.

En entornos profesionales, se recomienda establecer la política **RemoteSigned** y firmar los scripts con certificados válidos. Esto garantiza un equilibrio entre seguridad y funcionalidad, especialmente cuando se automatizan tareas críticas.

Recuerda las **buenas prácticas** comentadas anteriormente.

¿Qué tipo de certificado necesitas?

Para firmar scripts de PowerShell, necesitas un **certificado de firma de código** que tenga la propiedad **Code Signing**. Este tipo de certificado permite verificar que el script proviene de una fuente confiable y que no ha sido modificado.

1. Autoridades de certificación comerciales (CA)

Si el script va a distribuirse en entornos corporativos o públicos, lo ideal es obtener un certificado de una entidad reconocida:

Proveedor	Característica
DigiCert	Alta confianza, usado en entornos empresariales
Sectigo (antes Comodo)	Más económico, válido para firma de código
GlobalSign	Compatible con Microsoft y PowerShell
Entrust	Soluciones para empresas y desarrolladores
SSL.com	Ofrece certificados de firma de código accesibles

Estos certificados suelen tener un coste anual y requieren verificación de identidad.

2. Certificado autofirmado (solo para pruebas o entornos controlados)

Puedes generar un certificado autofirmado en tu máquina para firmar scripts localmente

```
Powershell
New-SelfSignedCertificate -Type CodeSigned Cert -
Subject "CN=FirmaLocal" -CertStoreLocation
"Cert:\CurrentUser\My"
```

Esta línea de código ejecutada en PowerShell crea un certificado de firma de código en el almacén personal del usuario actual con el nombre FirmaLocal.

CMD no puede ejecutar esta línea pues no entiende comandos como New-SelfSignedCertificate pero puedes invocar PowerSehll desde MCD para ejecutar este comando, ejemplo:

```
powershell -Command "New-SelfSignedCertificate
-Type CodeSigningCert -Subject 'CN=FirmaLocal'
-CertStoreLocation 'Cert:\CurrentUser\My'"
```

¿Qué hay que tener en cuenta? Asegúrate de usar las comillas simples (') pare evitar conflictos con las comillas externas.

Este comando requiere privilegios de administrador.

Resumen:

Para generar un certificado autofirmado desde PowerShell, usamos el cmdlet `New-SelfSignedCertificate`. Este comando debe ejecutarse en PowerShell, no en CMD. Si queremos lanzarlo desde un entorno **.bat** o desde CMD, debemos invocar PowerShell explícitamente con el parámetro `-Command`, cuidando el uso de comillas y asegurándonos de tener privilegios de administrador.

El certificado `FirmaLocal estará ahora visible con` (**`CurrentUser\My`**) `como vamos a ver a continuación.`

Este certificado **no será confiable por otros equipos** a menos que lo importes manualmente en sus almacenes de confianza.

Puedes ver su Huella digital (*Thumbprint*) con:

Get-ChildItem Cert:\CurrentUser\My | Where-Object { $_.Subject -like "*FirmaLocal*" } | Select-Object Subject, Thumbprint

```
PowerShell
Get-ChildItem Cert:\CurrentUser\My | Where Object {
$_.Subject -like "*FirmaLocal*" }| Select-Object
Subject, Thumbprint
```

¿Qué hace <u>esta</u> línea de código PowerShell?

```
Get-ChildItem Cert:\CurrentUser\My | Where-Object {
$_.Subject -like "*FirmaLocal*" } | Select-Object
Subject, Thumbprint
```

`Get-ChildItem Cert:\CurrentUser\My` → Lista todos los certificados del almacén personal del usuario actual.

`Where-Object { $_.Subject -like "*FirmaLocal*"` → Filtra los certificados cuyo Subjet contiene "FirmaLocal" (o el nombre que se le asigne.

`Select-Object Subject, Thumbprint` → Muestra sólo el nombre (Subjet) y la huella digital (`Thumbprint`)

¿Qué es la huella digital?

La **`thumbprint`** es un identificador único del certificado, generado como un hash (normalmente SHA-1). Se usa para:

- Referenciar el certificado en scripts.
- Verificar su autenticidad.
- Firmar código o validar firmas.

Ejemplo de salida

Subject : CN=FirmaLocal

Thumbprint : 3A7F2C1D4E5B6A7890C1D2E3F4A5B6C7D8E9F0A1

3. Certificados emitidos por una CA interna (en empresas)

Una CA interna es una entidad dentro de una empresa que emite certificados digitales para servidores y/o usuarios de la misma.

Si trabajas en una red corporativa con Active Directory, puedes solicitar un certificado de firma de código a través de la **Autoridad Certificadora interna** (CA de Windows Server).

Esto permite firmar scripts que serán confiables dentro del dominio corporativo. **¿Cómo se firma un script?**

Una vez tengas el certificado, puedes firmar tu script así:

```
PowerShell
Set-AuthenticodeSignature -FilePath
"C:\Scripts\MiScript.ps1" -Certificate (Get-Item
"Cert:CurrentUser\My\<Thumbprint>")
```

Reemplaza **`<Thumbprint>`** por el identificador del certificado.

Creado y firmado el certificado debemos conocer cómo exportarlo.

¿Qué necesitas para exportar un certificado digital?

1. **El certificado debe tener clave privada** (si fue generado con New-SelfSignedCertificate, normalmente sí la tiene).

1. **Ruta de exportación**: dónde guardar el archivo **.pfx**.

2. **Contraseña de protección**: para asegurar la clave privada.

Comando para exportar el certificado

```
L.1 $cert = Get-ChildItem Cert:\CurrentUser\My |
    Where-Object { $_.Subject -like "*FirmaLocal*" }
L.2 $path = "C:\Certificados\FirmaLocal.pfx"
L.3 $pwd = ConvertTo-SecureString -String
    "TuContraseñaSegura123" -Force -AsPlainText
L.4 Export-PfxCertificate -Cert $cert -FilePath $path
    -Password $pwd
L.5 Write-Host "Certificado exportado correctamente a
    $path. Recuerda guardar este archivo en un lugar
    seguro."
```

¿Qué hace cada línea, y por qué son varias líneas?

`Get-ChildItem` → Busca el certificado por el nombre.

`$path` → Define la ruta y el nombre del archivo **.pfx**

`ConvertTo-SecureString` → Crea una contraseña segura.

`Export-PfxCertificate` → Exporta el certificado con su clave privada.

Recomendaciones

- Usa una contraseña robusta para proteger el **.pfx**.
- Guarda el archivo en una ubicación segura.
- Si el certificado no tiene clave privada, el comando fallará.

¿Y si quieres exportarlo sin clave privada?

Puedes exportarlo como .cer (solo público):

PowerShell

```
Export-Certificate -Cert $cert -FilePath
"C:\Certificados\FirmaLocal.cer"
```

¿Se puede convertir en una sola línea?

Sí, pero sólo si necesitas ejecutarlo desde CMD o desde un **.bat**

Versión compacta con una sola línea:

```
powershell -Command "$cert=Get-ChildItem
Cert:\CurrentUser\My | Where-Object { $_.Subject -
like '*FirmaLocal*' }; $pwd=ConvertTo-SecureString -
String 'TuContraseñaSegura123' -Force -AsPlainText;
Export-PfxCertificate -Cert $cert -FilePath
'C:\Certificados\FirmaLocal.pfx' -Password $pwd"
```

```
:: Desde CMD, asegúrate de usar comillas dobles
escapadas (\") para rutas con espacios, especialmente
en parámetros como -FilePath.
```

Recuerda que esto requiere privilegios de administrador.

En resumen

- Si estás en **PowerShell puro**, puedes usar varias líneas, variables, bloques, etc.

- Si estás en **CMD o .bat**, necesitas encapsular todo en una sola línea dentro de `powershell -Command "..."`

4. ¿Cómo confiar en el certificado?

Por defecto, PowerShell **no confía en certificados autofirmados**, así que, aunque el script esté firmado, puede seguir bloqueado si la política de ejecución es **`AllSigned`** o **`RemoteSigned`**.

Para que el sistema confíe en el certificado:

¿Qué significa "que el sistema confíe en el certificado"?

Para que Windows confíe en un certificado (por ejemplo, para permitir la ejecución de scripts firmados o establecer conexiones seguras), ese certificado debe estar en uno de los **almacenes de confianza**. El más común para certificados autofirmados es:

- **Trusted Root Certification Authorities** (Autoridades de certificación raíz de confianza)

En PowerShell, esto se representa como:

PowerShell

```
Cert:\CurrentUser\Root
```

¿Es correcto decir "mover al almacén de autorizados raíz de confianza del usuario final"?

Casi, pero debería ser:

"Para que el sistema confíe en el certificado autofirmado, es necesario **agregarlo** al almacén de certificados raíz de confianza del usuario actual (`Cert:\CurrentUser\Root`). Esto indica al sistema que el certificado es una autoridad válida para firmar código o establecer comunicaciones seguras."

Ejemplo técnico:

Opción A: Agregarlo al almacén de certificados de confianza.

```
L.1  $cert = Get-ChildItem Cert:\CurrentUser\My |
     Where-Object { $_.Subject -like "*FirmaLocal*" }
L.2  $store = New-Object
     System.Security.Cryptography.X509Certificates.X50
     9Store "Root", "CurrentUser"
L3.  $store.Open("ReadWrite")
L.4  $store.Add($cert)
L.5  $store.Close()
```

¿Qué hace este bloque?

- Busca el certificado por nombre. (FirmaLocal)
- Abre el almacén raíz de confianza del usuario.
- Lo agrega como certificado confiable.

Desmenuzado:

Línea 1:

Busca en el almacén de certificados del usuario actual.

- **`Cert:\CurrentUser\My`** → Busca en el almacén de certificados del usuario actual (Cert:\CurrentUser\My).
- **`"FirmaLocal"`** → Filtra los certificados cuyo campo Subject contiene "FirmaLocal".
- **`$cert`** → Guarda el resultado (el certificado encontrado) en la variable $cert.

¿Por qué es importante?

Este paso identifica el certificado que queremos marcar como confiable. Si no se encuentra, las siguientes líneas no funcionarán.

Línea 2:

```
$store = New-Object
System.Security.Cryptography.X509Certificates.X509Store
"Root", "CurrentUser"
```

Crea un nuevo objeto que representa el almacén de certificados **raíz de confianza** del usuario actual.

"Root" → Indica que es el almacén de certificados raíz.

"CurrentUser" → Indica que se aplica solo al usuario actual (no a todo el sistema)

¿Por qué es importante?

Este es el almacén donde se colocan los certificados que el sistema considera confiables. Es como decir: "Confío en este certificado como si fuera una autoridad certificadora".

Línea 3:

```
$store.Open("ReadWrite")
```

- Abre el almacén en modo lectura/escritura.
- Permite agregar o quitar certificados

¿Por qué es importante?

Sin abrir el almacén en modo `ReadWrite`, no podrías modificar su contenido.

Línea 4:

`$store.Add($cert)`

Agrega el certificado almacenado en $cert al almacén raíz de confianza

¿Por qué es importante?

Este es el paso que hace que el sistema confíe en el certificado. A partir de aquí, el certificado podrá usarse para firmar scripts o establecer conexiones seguras sin advertencias.

Línea 5:

`$store.Close()` → Cierra el almacén de certificados.

¿Por qué es importante?

Siempre es buena práctica cerrar los objetos abiertos para liberar recursos y evitar errores en futuras operaciones.

Resultado final:

Después de ejecutar este script, el certificado `"FirmaLocal"` estará en el almacén de confianza del usuario, y el sistema lo tratará como válido para firmar código o establecer comunicaciones seguras.

Opción B: Cambiar la política de ejecución temporalmente.

```
Set-ExecutionPolicy -Scope Process -ExecutionPolicy
Bypass
```

Solo para pruebas. No recomendado en producción.

¿Qué hace este comando?

`Set-ExecutionPolicy` → cambia la política de ejecución de scripts en PowerShell.

`-Scope Process` → aplica el cambio solo al proceso actual de PowerShell. Cuando se cierre, la política vuelve a su estado anterior.

`-ExecutionPolicy Bypass` → permite ejecutar cualquier script sin advertencias ni bloqueos.

¿Por qué es útil?

- No requiere privilegios de administrador.
- No modifica la política a nivel de usuario o sistema.
- Ideal para pruebas, automatizaciones temporales o entornos controlados.

Ejemplo práctico

Puedes usarlo al inicio de un script **.ps1** para asegurarte de que se ejecutará sin restricciones.

Desde PowerShell:

Set-ExecutionPolicy -Scope Process -ExecutionPolicy Bypass
Resto del script aquí...

Desde CMD:

```
powershell -Command "Set-ExecutionPolicy -Scope
Process -ExecutionPolicy Bypass; .\miScript.ps1"
```

Advertencia para el lector

Esta opción (b) es segura para uso temporal, pero no debe usarse como solución permanente en entornos de producción. Si el script requiere privilegios elevados o acceso a recursos sensibles, es mejor firmarlo o configurar la política adecuadamente.

Recomendación:

Aunque los certificados auto firmados permiten probar la firma de scripts en entornos locales, no deben usarse en producción sin importar la confianza explícita en los sistemas de destino. Para distribución segura, se recomienda usar certificados emitidos por autoridades reconocidas o por la CA interna de la organización.

26. Script interactivo en PowerShell para mapeo de unidades de red con credenciales y validación de letra

Después de explorar los fundamentos de PowerShell y comprender sus políticas de ejecución, es momento de ponerlo en práctica con una solución real y funcional. En este capítulo presentamos un script interactivo **.ps1** similar al que vimos en **.bat** anteriormente, que permite al usuario:

- Detectar qué letras de unidad están ocupadas.
- Mostrar solo las letras disponibles.
- Validar que la letra elegida no esté en uso.
- Solicitar dirección IP, carpeta compartida, usuario y contraseña.
- Mapear la unidad de red de forma segura y persistente.

Este script, escrito en PowerShell, representa una evolución respecto a sus equivalentes en **.bat**: ofrece mayor control, mejor manejo de errores y una estructura más clara. Es una herramienta moderna y robusta, pensada para entornos profesionales donde la automatización debe ir acompañada de validación y seguridad.

Este es el Script en PowerShell:

MapeoRed.ps1

Automatizar con PowerShell es potente. Entender cada línea del script que lo hace posible, es lo que transforma al usuario en autor.

En este capítulo analizamos paso a paso el script presentado en un capítulo anterior. Cada instrucción será explicada con claridad, desde la inicialización de variables hasta la validación de letras, la solicitud de credenciales y el mapeo final. El objetivo es que el lector comprenda no solo qué hace el script, sino por qué lo hace así, y cómo puede adaptarlo a sus propias necesidades.

Una lectura técnica y didáctica, pensada para quienes quieren dominar PowerShell desde la base, con criterio y confianza.

Este **Script PowerShell** permite al usuario asignar una letra de unidad a un recurso compartido en red, validando que la letra esté libre, evitando duplicados y solicitando credenciales de forma segura. Representa una solución moderna y robusta para entornos profesionales.

```
# Solicitar letra de unidad
do {
    $unidad = Read-Host "Letra de unidad que deseas
asignar (ej. J)"
    $unidad = $unidad.Substring(0,1).ToUpper()
    $letrasOcupadas = Get-PSDrive -PSProvider
FileSystem | Select-Object -ExpandProperty Name
    if ($letrasOcupadas -contains $unidad) {
        Write-Host "La letra $unidad: ya está en uso.
      Por favor, elige otra." -ForegroundColor Yellow
        $unidad = $null
    }
} until ($unidad)
```

```
# Solicitar IP, carpeta, usuario y contraseña
$ip = Read-Host "Dirección IP del equipo remoto (ej.
192.168.1.xx)"
$folder = Read-Host "Nombre de la carpeta compartida
(ej. MyFolder)"
$usuario = Read-Host "Nombre de usuario para
autenticación"
$securePassword = Read-Host "Contraseña del usuario"
-AsSecureString
$credenciales = New-Object
System.Management.Automation.PSCredential($usuario,
$securePassword)

# Construir ruta de red
$recurso = "\\$ip\$folder"

# Verificar si el recurso ya está conectado
$conexionExistente = net use | Select-String $recurso
if ($conexionExistente) {
    Write-Host "El recurso $recurso ya está
    conectado. No se permite duplicarlo." -
    ForegroundColor Red

    # Intentar eliminar conexión previa sin letra
(por seguridad)
    try {
        net use $recurso /delete | Out-Null
    } catch {}

    pause
    exit
}

# Mapear la unidad
try {
```

```
    New-PSDrive -Name $unidad -PSProvider FileSystem
    -Root $recurso -Credential $credenciales -Persist
    Write-Host "Unidad $unidad: mapeada correctamente
a $recurso" -ForegroundColor Green
} catch {
    Write-Host "Error al mapear la unidad. Verifica
    los datos, permisos o credenciales." -
    ForegroundColor Red
}

Pause
```

¿Qué ventajas ofrece esta versión .ps1 con respecto a .bat estudiado en capítulos anteriores?

- **Más segura**: la contraseña se solicita como SecureString, evitando que quede visible.
- **Más precisa**: usa `Get-PSDrive` para detectar letras ocupadas.
- **Más moderna**: aprovecha objetos y estructuras propias de PowerShell.
- **Más clara**: los mensajes están coloreados para facilitar la lectura.

Desglose línea por línea de Script de mapeo de unidad de red con .ps1. Dado que aquí hay cuestiones nuevas e importantes con respecto a lo estudiado sobre MapeoDeRed cuando lo hemos estudiado en **.bat** las vamos a comentar también a fin de que el lector no tenga que ir de una página a otra del libro si necesitase del comentario.

L1. `# Solicitar letra de unidad`

L.2 `do {` → Inicio de un bucle `do...until`, que se repetirá hasta que el usuario ingrese una letra válida y libre.

L.3 `$unidad = Read-Host "Letra de unidad que deseas asignar (ej. J)"` → Solicita al usuario una letra para asignar a la unidad de red. Se espera una sola letra.

L.4 `$unidad = $unidad.Substring(0,1).ToUpper()`→ Toma solo el primer carácter ingresado y lo convierte a mayúscula. Esto evita errores si el usuario escribe más de una letra o en minúscula.

L.5 `$letrasOcupadas = Get-PSDrive -PSProvider FileSystem | Select-Object -ExpandProperty Name` → Obtiene todas las letras de unidad actualmente en uso por el sistema de archivos. Se usa para verificar disponibilidad.

L.6 `if ($letrasOcupadas -contains $unidad) {` → Verifica si la letra ingresada ya está ocupada.

L.7 `Write-Host "La letra $unidad: ya está en uso. Por favor, elige otra." -ForegroundColor Yellow` → Muestra un mensaje de advertencia si la letra está ocupada.

L.8 `$unidad = $null` → Reinicia la variable para que el bucle se repita.

L.9 `}` → Cierre del bloque `if`.

L.10 `} until ($unidad)` → Cierre del bucle `do...until`. Se repite hasta que `$unidad` tenga un valor válido y libre.

L.11 `# Solicitar IP, carpeta, usuario y contraseña` →

L.12 `$ip = Read-Host "Dirección IP del equipo remoto (ej. 192.168.1.xx)"` → Solicita la IP del equipo remoto donde está la carpeta compartida.

L.13 `$carpeta = Read-Host "Nombre de la carpeta compartida (ej. MyCarpeta)"` → Solicita el nombre de la carpeta compartida en el equipo remoto.

L.14 `$usuario = Read-Host "Nombre de usuario para autenticación"` → Solicita el nombre de usuario para acceder al recurso compartido.

L.15 `$securePassword = Read-Host "Contraseña del usuario" -AsSecureString` → Solicita la contraseña de forma segura (no se muestra en pantalla).

L.16 `$credenciales = New-Object System.Management.Automation.PSCredential($usuario, $securePassword)` → Crea un objeto de credenciales que se usará para autenticar el acceso al recurso.

L.17 `# Construir ruta de red` → Comentario que indica que se va a construir la ruta UNC del recurso compartido.

L.18 `$recurso = \\$ip\$carpeta` → Construye la ruta UNC del recurso compartido usando la IP y el nombre de carpeta.

L.19 `# Verificar si el recurso ya está conectado` → Comentario que introduce la verificación previa.

L.20 `$conexionExistente = net use | Select-String $recurso` → Busca si el recurso ya está conectado en el sistema.

L.21 `if ($conexionExistente) {` → Si se encuentra una conexión existente, evita duplicarla.

L.22 `Write-Host "El recurso $recurso ya está conectado. No se permite duplicarlo." -ForegroundColor Red` → Muestra advertencia si el recurso ya está conectado

L.23 `Pause` →

L.24 `Exit` → Sale del script si ya existe la conexión

L.25 `# Intentar eliminar conexión previa sin letra (por seguridad)` → Comentario que indica que se intentará eliminar una conexión previa sin letra asignada

L.26 `try {` → Inicio de bloque try para manejar errores silenciosamente.

L.27 `net use $recurso /delete | Out-Null` → Intenta eliminar la conexión previa al recurso, si existe.

L.28 `} catch {}` → Cierra el bloque `try {` de manejo de errores y captura errores sin mostrar mensajes (manejo silencioso).

L.29 `# Mapear la unidad`

L.30 `try {` → Inicio de bloque try para el mapeo.

L.31 `New-PSDrive -Name $unidad -PSProvider FileSystem -Root $recurso -Credential $credenciales -Persist` → Mapea la unidad de red con las credenciales proporcionadas.

L.32 `Write-Host "Unidad $unidad: mapeada correctamente a $recurso" -ForegroundColor Green` → Muestra mensaje de éxito si el mapeo fue correcto.

L.33 `} catch {` → Cierra el bloque `try }` de mapeo y apertura errores si el mapeo falla.

L.34 `Write-Host "Error al mapear la unidad. Verifica los datos, permisos o credenciales." -ForegroundColor Red` → Muestra mensaje de error si el mapeo falla.

L.35 `}` → Cierre del bloque `catch`

L.36 `pause` →

27. Nota sobre UNC:

La **ruta UNC** (Universal Naming Convention) es una forma estándar de identificar recursos compartidos en red, como carpetas o impresoras, sin depender de letras de unidad. Se utiliza en entornos Windows para acceder directamente a un recurso remoto.

Ejemplo: **`\\NombreDelServidor\NombreDelRecurso`**

- **`\\`**: indica que es una ruta de red.
- **`NombreDelServidor`**: puede ser una IP (192.168.1.xx) o un nombre de equipo (**Servidor01**).
- **`NombreDelRecurso`**: es el nombre de la carpeta o recurso compartido.

Ejemplos reales:

Ruta UNC	**Significado**
`\\192.168.1.xx\Public`	Carpeta "Public" compartida en el equipo con IP 192.168.1.xx
`\\Servidor01\Document`	Carpeta "Document" en el equipo llamado "Seervidor01"
`\\192.168.1.100\HP_L`	Impresora compartida en red
`\\NAS01\Backups`	Carpeta de copias de seguridad en un servidor NAS

¿Por qué es útil?

- **Independiente de letras de unidad**: puedes acceder al recurso sin necesidad de mapearlo.
- **Compatible con scripts y accesos directos**: se puede usar en PowerShell, CMD, accesos directos, etc.
- **Flexible**: funciona en redes locales, dominios y entornos corporativos.

Observación:

La ruta UNC es una forma universal de referirse a recursos compartidos en red. En scripting, permite construir accesos dinámicos sin depender de configuraciones locales, lo que facilita la automatización y la portabilidad de los scripts.

¿Cómo se usa en scripting?

En scripts de PowerShell o CMD, la ruta UNC permite acceder directamente al recurso sin necesidad de asignar una letra de unidad:

Ejemplos en:

PowerShell

```
Test-Path "\\192.168.1.xx\Public"
```

- Verifica si la carpeta compartida está disponible.
- Devuelve True si la carpeta compartida está accesible y False si no lo está.
- Útil para comprobar disponibilidad antes de mapear.

CMD

```
dir \\Servidor01\Documentos
```

Muestra el contenido de la carpeta compartida

Ventajas de usar rutas UNC

- **Independencia de letras de unidad**: no requiere mapeo previo.
- **Portabilidad**: funciona en cualquier equipo con acceso a la red.
- **Versatilidad**: compatible con scripts, accesos directos, tareas programadas y entornos corporativos.
- **Seguridad**: puede integrarse con autenticación y control de permisos.

Consideraciones previas

- El recurso debe estar **compartido y accesible** desde el equipo local.
- Puede requerir **credenciales** si el recurso no permite acceso anónimo.
- En redes con políticas estrictas, puede ser necesario **firmar scripts** o configurar la ejecución remota.

Comprobar si el recurso está conectado.

PowerShell

```
net use | Select-String '\\192.168.1.xx\\Public'
```

- Busca en las conexiones activas si el recurso ya está conectado.
- Evita duplicar mapeos o conflictos de credenciales.

Probar acceso con credenciales

PowerShell

```
L-1: $cred = Get-Credential
L.2: New-PSDrive -Name "Z" -PSProvider FileSystem -
     Root "\\192.168.1.xx\Public" -Credential $cred -
     Persist
```

- Solicita usuario y contraseña.
- Intenta mapear la unidad Z: si el acceso es válido

Errores comunes y cómo resolverlos.

Error típico	**Causa probable**	**Solución**
Access is denied	Credenciales incorrectas o permisos insuficientes.	Verifica usuario, contraseña y permisos en el recurso.
Teh network path	IP incorrecta, recurso no compartido o red inaccesible.	Revisa la IP, el nombre de la carpeta y la conectividad.
Multiple connect	Ya existe una conexión con otras credenciales	Elimina la conexión previa con `net use \\IP\carpeta /delete`
Cannot find path	El recurso no está disponible o no existe	Usa `Test-Path` para validar antes de mapear

Buenas prácticas (1)

- Usa **`Test-Path`** antes de mapear.
- Elimina conexiones previas si cambias de credenciales.
- Evita hardcodear contraseñas; usa **`Get-Credential`** o **`SecureString`**.

- Documenta rutas UNC en tus scripts para facilitar mantenimiento.

Hardcodear (de hard code, *hardcoding* en inglés) significa **incluir directamente valores fijos dentro del código**, en lugar de obtenerlos de forma dinámica, configurable o externa.

Ejemplo de hardcodeo en PowerShell

```
$usuario = "admin"

$contraseña = "123456"
```

Aquí, el nombre de usuario y la contraseña están **fijados en el código**.
Si quieres cambiarlos, tienes que editar el script.

¿Por qué se evita?

Problema	Consecuencia
Seguridad	Si hardcodeas contraseñas, quedan expuestas en texto plano.
Flexibilidad	No puedes reutilizar el script con otros valores sin editarlo.
Mantenimiento	Si el valor cambia, hay que modificar el código en varios lugares.

Alternativa recomendada.

L.1 `$usuario = Read-Host "Introduce el usuario"`

L.2 `$contraseña = Read-Host "Introduce la contraseña" -AsSecureString`

Recomendación para el lector:

Evita hardcodear valores sensibles o cambiantes en tus scripts. Utiliza variables, entrada interactiva o archivos de configuración para mantener tus soluciones limpias, seguras y sostenibles.

Buenas prácticas (2)

¿Por qué evitar el hardcodeo?

Hardcodear valores como rutas, credenciales, IPs o configuraciones dentro del script limita su reutilización, dificulta el mantenimiento y puede comprometer la seguridad. Un script bien diseñado debe ser **flexible, parametrizable y seguro.**

1. Usar entrada dinámica

Solicita valores al usuario en tiempo de ejecución:

PowerShell

```
$ip = Read-Host "Introduce la IP del servidor"
$usuario = Read-Host "Usuario"
$contraseña = Read-Host "Contraseña"
-AsSecureString
```

Evita fijar valores como 192.168.1.21 o "admin" directamente en el código.

2. Utilizar archivos de configuración externos

Guarda parámetros en archivos **.json**, **.xml**, **.ini** o **.txt** y cárgalos desde el script:

PowerShell

```
$config = Get-Content "config.json" | ConvertFrom-Json
$ip = $config.ip
$usuario = $config.usuario
```

Permite modificar valores sin tocar el script.

3. Usar variables globales o de entorno

Puedes definir variables en el entorno del sistema o del usuario:

PowerShell

```
$usuario = $env:admin_user
```

Útil para valores que cambian según el entorno (producción, pruebas, etc.)

Separar lógica de datos

Evita mezclar instrucciones con valores fijos. Usa funciones o módulos que reciban parámetros:

PowerShell

```
function MapearUnidad($letra, $recurso, $cred)
{
New-PSDrive -Name $letra -PSProvider FileSystem
-Root $recurso -Credential $cred -Persist
}
```

Mejora la legibilidad y facilita la reutilización.

Nota: En PowerShell, la llave de apertura **{** o de cierre **}** puede colocarse al final de la línea de definición o en la siguiente línea. Ambas opciones son válidas. Se recomienda mantener un estilo consistente en todo el script para facilitar la lectura y el mantenimiento.

4. **Proteger credenciales**

Nunca guardes contraseñas en texto plano. Usa **`SecureString`**, **`Get-Credential`** o almacenes seguros como el **Windows Credential Manager** o **Azure Key Vault.**

Ejemplo de hardcodeo a evitar

PowerShell

```
$usuario = "Admin u otro "

$contraseña = "123456 u otra"

$ip = "192.168.1.xx"
```

Este enfoque expone datos sensibles y obliga a editar el script cada vez que cambian.

Recomendación para el lector

Un script profesional debe ser adaptable, seguro y mantenible. Evitar el hardcodeo es clave para lograrlo.

Separar datos, usar entrada dinámica y proteger credenciales son prácticas esenciales en entornos de administración moderna.

28. Archivos .json y .xml: formatos estructurados para automatización y configuración

A medida que nuestros scripts se vuelven más sofisticados, surge la necesidad de guardar, intercambiar y reutilizar datos de forma estructurada.

Aquí es donde entran en juego dos formatos fundamentales: **.json** y **.xml**. Ambos permiten representar información de manera jerárquica, legible por humanos y procesable por máquinas. Son ampliamente utilizados en entornos de desarrollo, administración de sistemas, configuración de aplicaciones y comunicación entre servicios.

En este capítulo exploramos:

- Qué son los archivos **.json** y **.xml**, y en qué se diferencian.
- Cuando conviene usar uno u otro según el contexto.
- Cómo leer y escribir estos formatos desde PowerShell.
- Ejemplos prácticos aplicados a scripts de red, configuración y credenciales.

Una herramienta no es solo lo que hace, sino cómo se integra en tu flujo de trabajo. Y estos formatos son claves para que tus scripts respiren datos con elegancia.

¿Qué es un archivo .json

JSON significa *JavaScript Object Notation.*

- Usa una sintaxis sencilla basada en pares clave-valor.
- Muy popular en entornos web, APIs, y automatización moderna.

Ventajas:

- Ligero y fácil de leer.
- Compatible con casi todos los lenguajes modernos.
- Ideal para scripts de PowerShell, Python, JavaScript, etc.

¿Qué es un archivo .xml?

- **XML** significa *eXtensible Markup Language.*
- Usa etiquetas anidadas como en HTML, pero con estructura libre.
- Muy usado en sistemas antiguos, configuraciones de Windows, y entornos empresariales.

Ventajas:

- Muy estructurado y validable (con esquemas).
- Apto para documentos complejos y jerárquicos.
- Compatible con muchas herramientas empresariales y legacy[9]

Propósitos comunes:

- **Intercambio de datos entre sistemas** (por ejemplo, entre una aplicación web y un servidor).

- **Configuración de programas o scripts** (como parámetros, rutas, credenciales).

- **Almacenamiento estructurado** de información (listas, objetos, jerarquías).

- **Serialización de objetos** para guardar su estado y recuperarlo después.

---

[9] Legacy es un sistema heredado (Legado) un sistema informático que ha quedado obsoleto pero que sigue siendo utilizado, generalmente por una organización o empresa y no se quiere o no se puede reemplazar o actualizar de forma sencilla.

29. Ejemplo de archivo .json y .xml y cómo usarlos con PowerShell

.JSON

Config.json

```
{
"ip": "192.168.1.21",
"carpeta": "MyDoc",
"usuario": "admin",
"contraseña": "MiContraseñaSegura123…"
}
```

¿Cómo se usa en PowerShell?

MyPowerShell.ps1

```
$config = Get-Content "config.json" | ConvertFrom-Json
```



```
$config = Get-Content "config.json" |
ConvertFrom-Json
```

```
$ip = $config.ip
$carpeta = $config.carpeta
$usuario = $config.usuario
$securePassword = ConvertTo-SecureString $config.contraseña -AsPlainText -Force
$credenciales = New-Object System.Management.Automation.PSCredential($usuario, $securePassword)
```

Este enfoque permite separar los datos del script, facilitando mantenimiento y reutilización.

Explicación de dallada de este archivo MyPowerSell .ps1

Este fragmento de PowerShell está diseñado para **leer un archivo de configuración en formato JSON** y extraer de él los datos necesarios para construir unas credenciales seguras.

`$config = Get-Content "config.json" | ConvertFrom-Json`

`Get-Content "config.json"`: → Lee el contenido del archivo config.json como texto.

`ConvertFrom-Json`: → Convierte ese texto en un objeto PowerShell con propiedades accesibles.

`$config`: → Variable que almacena ese objeto.
Por ejemplo, lo que contiene el archivo congfig.json.

`$ip = $config.ip`: → Extrae la propiedad `ip` del objeto `$config` y la guarda en la variable `$ip`.

`$carpeta = $config.carpeta`: → Extrae la ruta de la carpeta, por ejemplo, una ruta de red y la guarda en `$carpeta`

`$usuario = $config.usuario`: → Guarda el nombre de usuario en la variable **`$usuario`**

`$securePassword = ConvertTo-SecureString $config.contraseña -AsPlainText -Force`

`$config.contraseña`: → Convierte la contraseña en texto plano en un objeto seguro **`SecureString`**

`-AsPlainText`: → Indica que la entrada es texto plano.

`-force`: → Necesario para permitir esa conversión (Por seguridad PowerSell requiere confirmación).

`$credenciales = New-Object System.Management.Automation.PSCredential($usuario, $securePassword)`

Crea un objeto de tipo **PSCredential**, que es el formato que PowerSell usa para autenticar usuarios.

Combina el nombre de usuario y la contraseña Segura en un solo objeto **`$credenciales`**, listo para usarse en comandos como Invoke-Command, New-PSSesion, Copy.Item, etc.

¿para qué sirve todo esto?

Este bloque prepara las credenciales y parámetros necesarios para realizar tareas automatizadas como:

1. Conectarse a un servidor remoto.
2. Acceder a una carpeta compartida
3. Ejecutar comandos con autenticación.

.XML

Config.xml

```
<Configuracion>
    <IP>192.168.1.xx</IP>
    <Carpeta>Public</Carpeta>
    <Usuario>admin</Usuario>
<Contraseña>MiContraseñaSegura123</Contraseña>
</Configuracion>
```

¿Cómo se usa en PowerShell?

MyPowerShell-1.ps1

```
[xml]$config = Get-Content "config.xml"
$ip = $config.Configuracion.IP
$carpeta = $config.Configuracion.Carpeta
$usuario = $config.Configuracion.Usuario
$securePassword = ConvertTo-SecureString
$config.Config
```

Al igual que en el archivo **.json**, este enfoque permite separar los datos del script, facilitando mantenimiento y reutilización.

El lector podrá deducir con facilidad viendo la explicación del **.ps1** anterior que hace cada línea de este código y cuál es su función.

30. Conclusión — Automatizar con propósito: claridad, control y evolución

Automatizar no es solo escribir scripts. Es entender el entorno, anticipar errores, validar decisiones y construir soluciones que funcionen sin supervisión. A lo largo de este libro hemos recorrido ese camino, paso a paso, desde los comandos más básicos hasta scripts interactivos que dialogan con el usuario, detectan conflictos y se adaptan a redes reales.

Hemos aprendido a:

- Identificar dispositivos y recursos compartidos en red.
- Validar letras de unidad y evitar duplicaciones.
- Solicitar credenciales de forma segura.
- Mapear unidades con precisión, tanto en **.bat** como en **.ps1**.
- Comprender políticas de ejecución y estructuras de datos como **.json** y **.xml**.
- Etc.

Cada capítulo ha sido una pieza del rompecabezas, y ahora el lector tiene no solo herramientas, sino criterio técnico para construir sus propias soluciones. Porque automatizar con elegancia es también escribir código que se explica solo, que previene errores y que respira claridad.

Dominar el scripting en Windows no sólo te permite ahorrar tiempo, sino que te da control total sobre tareas repetitivas, configuraciones del sistema y procesos administrativos. A través de los ejemplos y explicaciones presentados aquí, has aprendido a ejecutar scripts con privilegios elevados, activar y desactivar características de Windows, y presentar resultados de forma clara y profesional.

Recuerda siempre aplicar estas técnicas con responsabilidad, algunos comandos pueden afectar la seguridad del sistema si se usan sin criterio.

Documenta tus scripts, prueba en entornos seguros, y mantente actualizado sobre las mejores prácticas.

Este libro es solo el comienzo. El mundo del scripting es amplio y lleno de posibilidades. Sigue explorando, experimentando y aprendiendo. Y si en el camino necesitas una mano, aquí estaré con otros libros, para ayudarte con nuevos y robustos comandos.

Nota final: A lo largo de este libro hemos estudiado comandos que pueden ejecutarse desde PowerShell directamente, desde CMD mediante invocación de PowerShell, o a través de archivos .bat y .ps1. Es importante recordar que muchos de estos comandos están escritos específicamente para PowerShell, y no son aplicables tal cual desde CMD sin encapsularlos correctamente. Por eso, en los últimos capítulos hemos explorado el uso de scripts **.ps1** y su aplicación práctica, para que el lector pueda integrarlos de forma segura y funcional en sus propios entornos.

¿Qué mejora esta versión .ps1?

- Claridad en los entornos de ejecución.
- Precisión sobre la diferencia entre PowerShell y CMD.
- Justificación didáctica del enfoque del libro.
- Tono profesional y accesible.

Por ejemplo:

Este comando que hemos visto en el Cap. 15, llama a PowerShell desde el archivo**.bat**.

(...'powershell -Command "(Get-WindowsOptionalFeature -Online -FeatureName SMB1Protocol).State.ToString()"') do (set "estado=...).

Pero si queremos hacer lo mismo directamente desde PowerShell sería:

$estado = (Get-WindowsOptionalFeature -Online -FeatureName SMB1Protocol).State
Write-Host "Estado de SMB1: $estado".

Nota Importante sobre este comando completo y válida para otros muchos:

¿Por qué tres líneas aquí?

```
L.10:  for /f %%A in ('powershell -Command
       "(Get-WindowsOptionalFeature -Online -
       FeatureName
       SMB1Protocol).State.ToString()"') do (
L.11:  set "estado=%%A"
L.12:  )
```

En los archivos **.bat**, los bucles **for /f** que ejecutan comandos complejos (como invocar PowerShell) suelen escribirse en varias líneas para mejorar la legibilidad. El bloque **do (...)** puede contener varias instrucciones, y por convención se abren con **do (** y se cierran con **)** en líneas separadas, pues así lo vería el intérprete de CMD.

Apéndice:

Ejemplos de otros protocolos o componentes opcionales que puedes gestionar con lo aprendido en este libro.

Protocolo / Compnente	FeatureName par usar en el Script
SMB1	SMB1Protocol
Telnet Client	TelnetClient
TFP Client	TFTP
Legacy Components (DirectPlay)	LegaciComponents
.NET Framework 3.5	NetFx3
Window PowerShell ISE	MicosoftWindowsPowerShell
Hiper-V	Microsoft-Hiper-V-All
Windows Subsystem for Linux	Microsoft-Windows-Subsystem-Linux

¿Qué debes tener en cuenta?

- El parámetro -Online indica que estás modificando el sistema operativo actual.
- El nombre del componente debe coincidir exactamente con el que usa Windows.
- Puedes consultar la lista completa con este comando CMD: `dism /online /get-features`

- Todo ello modificando sólo una línea del Script .bat o .ps1 que hemos estudiado:

Esta: **Disable-WindowsOptionalFeature -Online -FeatureName <NombreDelComponente> -NoRestart**

También escribiéndola directamente en PowerShell si no quieres crear un Script para cada comando, aunque podrías hacerlo siguiendo uno de los ejemplos de este libro haciéndolo interactivo y que te pregunte en lugar de la letra de unidad por el nombre del protocolo. Eso ya lo dejo para tu saber hacer porque si no, este libro se convertiría en un Best Seller.

Y si sientes curiosidad por ver la lista completa de características opcionales que se pueden activar, desactivar o verificar su estado con los Script estudiados en este libro, escribe el comando que está al final de este párrafo en PowerShell, veras una lista con más de 130 características de tu sistema Windows, y además veras cuales tienes activados y cuales desactivados (disabled o Enabled).

"características opcionales" incluye protocolos, servicios, herramientas y componentes heredados.

PS C:\> **Get-WindowsOptionalFeature -Online | Sort-Object FeatureName | Format-Table FeatureName, State -AutoSize**

Con todos ellos puedes interactuar modificando sólo una línea del Script.

Bloques de advertencias empáticas recurrentes:

Seguridad y privilegios

Nota importante sobre privilegios:

Algunos comandos requieren privilegios de administrador. Este libro mantiene el **UAC** activo en todos los ejemplos que lo necesitan, como medida de seguridad. Si el lector desea ejecutar scripts sin intervención, debe comprender los riesgos y considerar métodos como tareas programadas o ejecutables firmados, siempre en entornos controlados.

Activación de funciones obsoletas.

Advertencia sobre funciones heredadas:

Algunos ejemplos activan una característica obsoleta del sistema (como SMB1). Se incluye con fines didácticos, pero no se recomienda su uso en entornos productivos. El lector debe evaluar cuidadosamente los riesgos antes de habilitar funciones descontinuadas.

Alcance del libro.

Nota sobre el alcance del contenido:

Este libro no aborda técnicas avanzadas como la creación de tareas programadas (schtasks /create) ni su ejecución (schtasks /run). Aunque pueden evitar el **UAC**, implican configuraciones que escapan al enfoque didáctico y seguro de esta obra. No se cubren firmados digitales ni bypass de UAC.

Buenas prácticas en scripting.

Recomendación al lector:

Siempre que se relance un script con privilegios elevados, asegúrate de verificar primero si ya se está ejecutando como administrador. Esto evita bucles infinitos y mejora la experiencia del usuario.

Acompañamiento emocional al lector.

Advertencia empática:

Si el lector se siente frustrado por errores de permisos o elevación, es completamente normal. Estos obstáculos son parte del aprendizaje técnico, y este libro está diseñado para acompañarlo paso a paso, con claridad y respeto por su proceso.

Errores comunes en mapeo de unidades de red con PowerShell

Objetivo: Ayudar al lector a evitar tropiezos frecuentes, con tono comprensivo y soluciones claras

Error	Causa Probable	Solución recomendada	Ejemplo con PowerShell
Access is denied	**Credenciales incorrectas o permisos insuficientes**	**Verifica usuario, contraseña y permisos**	$cred = Get-Credential New-PSDrive -Name Z -Root "\\IP\Carpeta" -Credential $cred -Persist
The network path was not found	**IP incorrecta, recurso no compartido, red inaccesible**	**Revisa IP, carpeta y conectividad**	**Test-Connection 192.168.1.59 -Count 2 -** **------** **Test-Path "\\192.168.1.59\Public"**
Multiple connections to a server or shared resource	**Ya existe una conexión con otras credenciales**	**Elimina conexión previa antes de reconectar**	**net use \\192.168.1.59\Public /delete**
Cannot find path '\\IP\carpeta' because it does not exist	**El recurso no está disponible o no existe**	**Validar ruta antes de mapear**	**if (-not (Test-Path "\\192.168.1.59\Public")) { Write-Host "Ruta no disponible" }**

Error	Causa Probable	Solución recomendada	Ejemplo con PowerShell
New-PSDrive : The specified drive name is already used	La letra de unidad ya está ocupada	Solicita otra letra o libera la actual	Get-PSDrive ---- Remove-PSDrive Name Z
The local device name is already in use	Letra asignada a otro recurso	Cambia letra o elimina conexión previa	net use Z: /delete
Logon failure: unknown user name or bad password	Usuario o contraseña incorrectos	Reingresa credenciales correctamente	$cred = Get-Credential
System error 53 has occurred	El equipo remoto no responde	Verifica conectividad y que el recurso esté compartido	Test-Connection Servidor01 ------- Get-SmbShare CimSession Servidor01
System error 85 has occurred	Conflicto con letra de unidad	Cambia letra o elimina conexión previa	Remove-PSDrive Name J -------- net use J: /delete

"Todos cometemos errores. Lo importante es detectarlos, entenderlos y seguir adelante con confianza.

Colofón: Más allá del clic: el arte de automatizar con identidad

Madrid, España, 2025

Herramientas utilizadas: CMD, PowerShell, JSON y XML.

Objetivo: Este libro fue escrito con la intención de acompañar, enseñar y proteger al lector en cada paso técnico. Cada script, cada nota y cada advertencia fueron revisados con paciencia y propósito.

Gracias por confiar en esta guía.

Este libro no pretende ser una colección de recetas. Es una invitación a pensar, a afinar, a construir con propósito. Cada script puede ser una herramienta funcional, pero también una expresión de estilo técnico: sobrio, claro, robusto.

La automatización en Windows no está limitada a lo que ya existe. Con PowerShell, estructuras externas y buenas prácticas, podemos diseñar sistemas que se integren, que escalen, que evolucionen. Y hacerlo con identidad, cuidando cada detalle, cada mensaje, cada validación.

Gracias por recorrer este camino.

Que tus scripts no solo funcionen, sino que hablen bien de ti.

AUTOMATIZAR
NO ES SOLO
AHORRAR TIEMPO.
ES DOMINAR EL SISTEMA.

A modo de Epílogo –

Automatización en Windows

Este proyecto nació como una solución práctica para sistematizar tareas en entornos Windows, pero con el tiempo se convirtió en una experiencia de aprendizaje profundo. Cada script, cada ajuste, cada protocolo revisado fue parte de un proceso meticuloso orientado a la eficiencia, la claridad y la autonomía técnica.

La documentación que aquí se presenta no solo responde a necesidades concretas de automatización, sino que refleja una evolución personal en la forma de abordar problemas, estructurar soluciones y compartir conocimiento. Desde la gestión de credenciales hasta el control de características del sistema, cada capítulo está construido con precisión y propósito.

Agradezco a quienes me acompañaron en este recorrido, mi esposa y mis hijas, especialmente a quienes ofrecieron paciencia, ánimo y perspectiva en los momentos clave. Este libro es también una muestra de lo que se puede lograr cuando se combina curiosidad, rigor y constancia.

A ti, lector, gracias por dedicar tu tiempo a estas páginas. Si alguna idea aquí te ha sido útil o te ha inspirado a mejorar tus propios procesos, entonces este trabajo ha cumplido su propósito.

Cierro esta etapa con satisfacción, sabiendo que lo aprendido no termina aquí. *Automatización en Windows* es una base sólida, pero también una invitación a seguir explorando, optimizando y documentando con la misma pasión.

José Flores González

Automatización en Windows

(edición en español)

Automatización en Windows

(English edition)

Página de Autor en Amazon

www.ingramcontent.com/pod-product-compliance
Lightning Source LLC
LaVergne TN
LVHW010949051026
849532LV00003B/1182
* 9 7 8 8 4 0 9 7 7 8 7 0 6 *